後悔しない上手な老い方

和

リベラル文庫

はじめに

最近、といってもかなり前からですが、終活という言葉がかなり盛んに使われています。

日頃、医師として、というか高齢者のウォッチャーとして多くの高齢者に接していると、そんなに予定通り死ねるわけでないし、逆に予期できない死もかなりあるので、なんとなく、この言葉を空虚に感じることがあります。

それ以上に、終活という言葉のニュアンスには残された人に迷惑をかけてはいけないという考え方が強く反映されていますが、私には違和感があります。


もし、自分の死をなんらかの形で意識するなら、残された人より、自分のこと、その残りの人生をもう少し考えたほうがいいと思うからです。

というのは、私の長年の高齢者医療の経験から、世の中でいう終活的なことをしていなかったことを亡くなる前に後悔される方はほとんど記憶にないのですが、「もう少し○○をやっておけばよかった」とか、「やっぱり○○をがまんしなければよかった」という声を聞くことは少なくありません。亡くなった後、配偶者の方から、そういうことを亡くなる前に言っていましたという形で、そういう話を聞くことも時々あります。

私も、終活という場合、亡くなるまでの人生を充実させ、後悔のない最期を迎えるための活動なのではないかと思うようになりました。

そういうことを思って、本書の元になった『70歳からの老けない生き方』という本を書いたのですが、それを多少、今に合わせて改訂して、手に取りやすい文庫にしたのが本書です。

コロナ禍がまだ続いていた頃に出したこの本は、医者やマスコミや周囲の声に押されて、人と会うことを我慢していた人、外食や旅行を我慢していた人、そうでなくても外出を我慢していた人がたくさん出ていた頃です。

ところが、そのために会いたい人が病気になったり、亡くなったりして、次に会ったり、食事をすることがかなわなかった人も多いと聞きます。

あるいは、コロナ禍の3年間の間に年を重ねたり、足腰が弱ったりして、残りの人生で、もう海外旅行には行けないという人だって出てきているでしょう。

おいしいものを食べること一つとっても、年をとると食が細くなり、前は楽しみにしていたサシの入った肉が食べられなくなったという人もいます。最後に出てくるマツタケごはんを楽しみにしていたのにもう満腹で入らないなどと若い頃では考えられないことが起こります。


私も医師として、人生の最終期に後悔する人をたくさん見てきました。

あるいは、最後にお金を残すより思い出を残すほうが幸せだということを。

本書に書いてあることをすべて実行する必要はないとは思いますが、何かで迷いが生じた時にはヒントになる本だと思っています。

ということで持ち運びがしやすい文庫になったことはとても著者として喜んでいます。

時々、読み返していただいて、「やっぱりやってみよう」「医者のいうことよりこちらを信じてみよう」「我慢しても人生は限られている」などと思い起こしてもらえれば、著者として望外の喜びです。

ということで本書を残りの人生を少しでも充実したもののヒントにしていただければ幸甚この上ありません。

人生の先輩に僭越《せんえつ》とは思いますが、たくさん高齢の方を見てきたことは確かなので。

２０２４年12月

和田秀樹

目次

第2章　「衰えていく自分を知る」ことが心と体の老化を防ぐ第一歩

2. 要介護「フレイル」の予防方法とは　85

3. 活動し続けることが「最高の老化予防薬」　96

4．自分の頭で考え足を使って80代に備える　123

第3章　備えあれば憂いなし、「やりたいこと」に挑戦
上手に老いるための心と体の整え方

3．セカンドライフでは「やりたいこと」に挑戦　167

第4章　人生100年時代　幸せに生きるために「あんな風に年を重ねたい」と思われる人になる

第1章

後悔しない上手な老い方

達成感が若さ維持の秘訣

1 老化を防ぐ思秋期の「脳への刺激」

子供と大人の間の時期の「思春期」になぞらえて、中年期と高齢期の間の時期を私はしばしば「思秋期」と呼んでいます。いわゆる更年期障害が起こる時期です。

更年期障害が起こるのは、女性は閉経を挟んだ前後5年間とされています。男性なら40代後半から70代までと個人差がかなりありますが、思秋期も50代後半〜70歳ぐらいまでが対象です。

思秋期については次の3つのポイントを頭に入れておくべきでしょう。

1つ目のポイントです。思春期は、自分のアイデンティティを決める時期です。職業を選択し、どんな人間になろうかとか。しかし、一般論から言うと、日本では特に大学を決めるときに、ある程度将来が決まってしまうから、他の国に比べて悩む時間が短いのです。その思春期が長いと、定職に就かない期間が長くなり、独り立ちが遅れることになるので、望ましいと言えない面もたくさんあります。**一方、思秋期は、高齢期になるまでの期間が長いほうが老人になるのが遅れるというわけで、長いほうが望ましいとも言えます。**

次に2つ目のポイントです。これは生物学的なことですが、じつは人間は思春期までは染色体的には男女に分かれていますが、ホルモン的にはほぼ中性です。だから、男女ともに子供をつくることはできません。思春期に女性は女性ホルモンがドッと出て、男性は男性ホルモンがドッと出てきますから、いわゆる男女に分かれます。

思秋期はまさに真逆の時期です。男性は男性ホルモンが減り、女性は女性ホルモンが減り、高齢期にはともに中性化し、性的存在ではなくなっていきます。ただ、脳での感覚が残っていますから、男性の「下半身の元気」などに影響がない場合もあります。

3つ目のポイントです。私が「更年期」を「思秋期」と呼ぼうという意味には、「もうちょっと考える時期にしましょう」ということがあります。思春期のときに必死になって将来どんな人間になりたいかと、ものすごく悩み、苦しみ、考えたはずです。

だとすれば、思秋期にも、セカンドライフを生きるにあたり、再就職の悩みだけでなく、「どんな老人になりたいか」「どういう自分でありたいか」をあらためて考えてみませんかと提案したいのです。

人生を考える最後のチャンスともいえる、思秋期に脳をフル活動させること、脳に刺激を与えることは、間違いなく老化予防にもなるのです。

2 少しの「準備」で、後半の人生は劇的に変わる

70代以降の生活のクオリティは「助走」で決まる

一般的に思秋期にあたる50代後半は、仕事においてもプライベートにおいても充実した時期といってもいいでしょう。

仕事においては、積み上げてきた成果によってそれなりの地位も得られているでしょうし、さまざまな困難なシチュエーションを乗り越えてきた経験から、ビジネスチャンスを成功させるスキルはもちろん、危機管理のノウハウも身についているでしょう。

プライベートにおいても同様です。既婚者なら大過なく家庭生活を送り、独

身なら独身としてそれなりの生活基盤を築き、一定の成功を収めている人は少なくないでしょう。

しかし、油断は大敵です。準備を怠ってしまうと、この世代は、体力の低下はもちろんのこと、新しいもの、新しい情報への感度や理解力は衰えてくることになります。その結果、ものごと全般に対して柔軟な理解をしたり、対応したりする能力も衰えてきます。

それでも、仕事において目指すセカンドステージがいまのステージの延長線上にあるような場合なら、それなりに失敗を回避することは可能かもしれません。たとえば、定年後、いまの会社の系列会社で働くとか、公務員が天下るといったケースです。

しかし、完全な他業種、あるいは同業種であってもこれまで縁のなかった他の企業ということであれば、そう簡単ではありません。**新しい環境に適応する**

には準備と覚悟が必要です。

「昔取った杵柄」という言葉があります。餅つきの技になぞらえて、若いときに身につけた技術は年を重ねても通用するという意味です。

もちろん、このことわざ通り、経験の技が生きるシチュエーションもあるに違いありません。けれども、刻々と新しいテクノロジーが誕生し、新しい文化、新しい知識や情報が生まれる現代においては、しばしば自分の杵柄を駆使するスキルがまったく役に立たないという事態が生じます。たとえば、美味しい餅でも機械で簡単に作ることができる、あるいは人が餅を食べなくなる事態が生じるかもしれません。

つまり「餅つき」以外のスキルを身につけなければならないということです。**そのためには、フレッシュマンのマインドを持って、新しい情報の入力、新しいスキルの習得を心がけなければなりません。**

正しい助走のための3つのポイント

私自身、老年精神医学に長く携わってきており、特に認知症については専門といってもいいのですが、認知症の遠因となる脳の萎縮は、実際のところ、30代には始まっています。

もちろん、仕事や生活に支障をきたすようなことは一般的にはありませんが、日ごろから脳を動かしたり、脳を悩ませたりしなければ「脳力」は少しずつパワーダウンしていくと考えていいでしょう。

そう考えると、もし70代以降も仕事あるいは私生活において、精力的に活動したいと願うなら、日ごろから準備が不可欠です。

定年時の65歳をセカンドステージの「スタートライン=踏切板」とするなら、それ以前の世代は「助走期間」と位置づけられます。

では、この助走期間をどう過ごしたらいいのでしょうか。

その過ごし方は、自分がどういう70代以降を願うのかによって、さまざまでしょう。**大切なことが3つあります。**

①向上心、好奇心を育てる

②新しい情報への感度を磨く

③自分をいつでも「素人」「初心者」と思えること

「私は70歳だからもう助走期間はとれない」と心配される方がいらっしゃるかもしれませんが、**やりたいことの内容やいままでの経験によって、必要になる助走期間はさまざまです。**70歳から少しの助走で十分大きく跳べる場合もあります。

私自身、子どものころからいささか「多動」の傾向があり、好奇心が旺盛でジャンルを問わずさまざまなことに首を突っ込んできました。大学時代は医学部に籍を置きながら、『週刊プレイボーイ』や『CanCam』の記者としてアルバイトをし、さまざまな人の取材をしましたが、そのときの経験は医者としての現在の仕事、物書きとして仕事、映画監督としての仕事に大いに役立っています。

もし仮に「俺は東大の医学部だ」などとふんぞり返り、いま挙げた3つの要素の欠けた人間であったら、自分が生きるフィールドはごくかぎられていたはずです。

私が現在、曲がりなりにもマルチな活動を続けられているのは、こうした学生時代の経験があったからだと感じています。ある意味でいまの私にとっては、助走期間だったのかもしれません。

「初心者」「素人」である自分を受け入れる

「自分をいつでも『素人』『初心者』と思えること」

人生の後半期を豊かなものにしたいと願うなら、忘れてはならないことです。

そう簡単なことではないかもしれません。曲がりなりにも、社会人、家庭人として成果を積み上げてきた年代にとっては、自分のキャリアに対する自負をいったん脇に置かなければならないからです。

そのためには「謙虚」とか「誠実」というスタンスが必要になりますが、これがなかなか難しい。頭ではわかっていても、です。特に現役時代に会社の利益に大きく貢献したり、それなりの地位についていたり、名声を得たりした人にとっては、ちょっとハードルの高さを感じるかもしれません。

長年「社長」「部長」と呼ばれ続けた人が「○○さん」と呼ばれることに甘

んじなければならないのですから……。

しかし、新しいステージでの充実した人生の展開を望むなら、それを楽しむくらいの気持ちが必要です。「先生といわれるほどの馬鹿でなし」ならぬ「社長、部長といわれるほどの馬鹿でなし」の気概で「さん付け」を楽しめばいいのです。**会社の人間関係と縁が切れて変なしがらみは一掃できる、気楽になったと喜びましょう。**

かくいう私も「先生」と呼ばれる機会は多いのですが、それは私が生業にしている世界の慣習なのであえて「やめてくれ」とは言いません。言えばかえって波風を立てることになりかねませんから受け入れていますが、「和田さん」と呼ばれたとしても、私はけっして不快な気分にはなったりはしません。

実際、映画監督協会の会合などではみなさんから「和田さん」と呼ばれていますし、映画監督としてのキャリアから考えれば当然のことです。

私自身、映画作りに情熱を燃やし、これまでも劇場公開された映画の監督を5本手がけました。そのため、日本映画監督協会の一員ですが、錚々《そうそう》たるメンバーの中では、いわば末席の身です。協会のイベントなどでは裏方仕事もやりますが、私は楽しくて仕方ありません。

テレビ番組などでも、直接的な師弟関係でもないのに、だれかれかまわず呼び捨てにしたり、君付けをしたがったりする人がいますが、見ていて愉快なものではありません。

賢い人は、わけもなく君付けにされても、軽く受け流しています。そうした関係を見ていると感じるのですが、**「偉そうな人」は賢い人ばかりか多くの人から疎まれる存在になっていきます。いい人間関係が損なわれ、さまざまな情報収集の機会も閉ざされてしまいます。**その結果、誰からも相手にされなくなったり、ときには大きな過ちを犯したりすることになってしまいます。

「偉そうな人」はいろいろな世界にいますが、他人から好かれることはまずありません。

そうした人のセカンドステージは寂しいものです。

周りから敬愛される人間、されない人間

「士族の商法」という言葉があります。

明治維新後、特権的な立場を失った旧武士が商売を始めるのですが、一部を除いてほとんどが失敗してしまいます。ご存じの通り「士族の商法」はこれを揶揄《やゆ》した言葉です。彼らは時代の大変化に対応できず、偉そうに振る舞いました。少し前までは身分が劣るとされた農業、工業、商業の従事者が、「お客さま」であることを受け入れられなかったわけです。それでは、ビジネスがうまくいくわけがありません。

笑い話のようですが、けっして他人事ではありません。

「先生」「社長」などと崇められ、誰にも頭を下げたことのない人間が地位を退いた後も同じマインドでセカンドステージに臨んだために失敗した例をよく耳にします。

大学の医学部教授を定年で退いた後、クリニックを開業したものの失敗したとか、サラリーマン社長が起業したけれども頼りにしていた下請け企業や取引業社にソッポを向かれてあえなく倒産など枚挙にいとまがありません。「自分に比べれば地位、能力、実績の劣った人間が成功しているのだから」と安易にトライしたわけです。

しかし、成功者と比較すると、新しいステージにトライするための決断の時期、マインドの強さ、そして準備の周到さにおいて、雲泥の差があります。

成功する人はひと言でいえば、確かな助走を経て踏み切っているのです。

成功者はなによりも「素人」「初心者」としてのマインドで新しいステージに乗り出したのです。

「『偉そう』を捨て、謙虚に誠実に」などというと、きわめて抽象的な物言いになってしまいますが、仕事で成功を収めたり、豊かで愉快な人間関係を築いたりするためには、忘れてはならないポイントです。

政治家、実業家、文化人、芸能人はもちろん、一般の社会においても「偉そう」で成功を収めているかのように見える人は確かにいます。しかし、彼らが豊かで愉快な人間関係を紡いでいるとは思えません。なぜなら、彼らは周りから敬愛されていないからです。

打算、忖度だけに囲まれた人生を送った人間がラストステージで見る風景は、殺伐としたものなのではないでしょうか。

生きている限り「こうありたい自分」を求め続けよう

東京の湯島天満宮の近くをはじめ、全国各所の高台に立つ神社、寺院、あるいは急勾配のエリアでは、しばしば一対の「男坂」と「女坂」に出会います。そのほとんどは階段になっていますが、「男坂」で一直線。もう一つの階段は「女坂」。こちらは階段の途中に踊り場があります。

唐突ですが、超長寿社会を生きる人間の道のりは、私にはこの「女坂」に似ているように思えてなりません。もし、女坂の踊り場を「頂＝ピーク」と勘違いしてしまったら、本当のピークにはたどりつけない。

登り切るには、あらかじめ坂の形態、ピークの位置を先に設定して、登り方、体力の配分を考えなくてはなりません。踊り場をピークと勘違いした人間がそのとき、体力、知力を使い果たしていたら、もはやそこに留まるか下ることしかできなくなってしまいます。

「人生100年時代」

実現できるかできないかはさておき、自分の人生のピークをできるだけ先のほう、つまり70代ではなく、80代、90代に設定してみることが、この時代に豊かな人生を生き切るために必要なのではないか？

私はそんな風に考えています。

「何がピークなのか」

それは人それぞれでしょう。ただ言えることは、仕事であれ、プライベートであれ、「こうありたい」と願う自分をきちんと設定し、それを実現することであることは間違いありません。

「こうありたい自分」の要素は一つだけではないでしょう。私なら、「精神科医としてありたい自分」「映画監督としてありたい自分」「物書きとしてありたい自分」「一人の社会人としてありたい自分」など、そのピークの形は多種多様です。

また階段のピークと違うのは、**人生のピークは時間の経過とともに死ぬまで姿を変え続けるということです。**

「いやあ、俺なんかもう終わっているよ」

そんな諦めの言葉を口にする人がいるかもしれません。否定する前に試してみて、だめならやめればいいのです。

「ありたい自分」とは、なにも壮大なスケールの夢のようなものである必要はないはずです。どんなに些細なことであっても、「願っているが、いまの自分にないもの」「願っているが、いまの自分が成し遂げていないもの」をいまの自分に加えることで「ありたい自分」は実現します。**生きているかぎり「ありたい自分」は一つ実現することで、さらに上書きされていくものといっていいでしょう。**

人生のピークを死ぬまで「上書き」する

たとえば「ありたい自分」が「75歳まで働く」だとしましょう。それを実現させた人は次にまた「もう一つ別のありたい自分」を設定するはずです。それは「80歳まで働く」かもしれませんし「日本中を旅する」「読書三昧」「ボランティア活動」「家庭菜園」「小説を書く」「株で儲ける」「ゴルフでエージシュート」……。人によって千差万別でしょう。

しかし、じつはそうした願望と実現の繰り返しこそが人生の醍醐味なのではないでしょうか。

私自身でいえば、すでに述べたように医師としての活動とは別に、映画監督としていまも撮りたい映画があります。もし、それが実現したらその次に撮りたい映画が浮かんでくるでしょう。そして、また次の映画……。それを繰り返していけば、もしかすると、95歳で映画を監督した新藤兼人さんのようになれるかもしれません。あるいは物書きとして、これまでの自分の記録を塗り替えるようなベストセラーが書けるかもしれません。

「ありたい自分」はただ漫然と生きているだけでは実現しません。そのために当然のことながら準備が必要です。お金を稼がなければならないかもしれませんし、新しい勉強をしなければならないかもしれません。その前にまず健康でなければならないでしょう。イヤなことを我慢しなければならないシーンもあるでしょう。

そうしたことを乗り越えた先に一つの「ピーク」の上に立つことができるわけです。

こうした営みは年齢とは関係がありません。超長寿時代を愉快に生きる方法とは、そういうものではないでしょうか。

「あなたの最高傑作はどの作品ですか？」

私が敬愛してやまない、あのチャールズ・チャプリンは、晩年、ある記者の質問にこう答えたそうです。

「Next One（次の作品）.」

3 死ぬまで「達成感」を求め続ける

人生は右肩上がりが幸せ

「人生のピークを先に延ばす」

そうは言っても、定年前のファーストステージに比べて気力、体力ほか、さまざまなパワーが低下している70代、80代にとっては難題と思われるかもしれません。

しかし、ここでいうピークとは、壮年時代と同じ次元でのより高い到達点を言うのではありません。つまり「部長止まりだったけれども今度は役員になる」「これまでの最高額を上回る年収を得る」といった単純比較でのピークを言っているのではありません。
もちろん、「ゴルフで30代に出した最高スコアを塗り替える」「50メートル走の自己ベストを更新する」ということでもありません。

「70代、80代の自分の現実、制約を踏まえた上で、自分が実現したいさまざまなトライによって、これまで自分が経験した以上の達成感を得る」

これが「人生のピークを先に延ばす」ことの本質です。

70代、80代を生きながら、いまは実現できてはいないが「実現したいと願うこと」に対して実現に向けて動き出すこと。そして、それを実現してこれまでになかった達成感を味わうこと。それが「ピークを先に延ばす」ことなのです。

それは、壮年期にたどり着いたピークの風景とはまったく違うでしょう。

たとえてみましょう。

「昔からやってみたかったボランティア活動にトライしたい」とあなたが考えたとします。実際に行動して、自分自身でも「よくやった」と感じ、それが社会に貢献したと認められ、そのためにトライしたつもりはないにせよ、それが評価されて感謝状をもらったとしましょう。

そこで味わう達成感は、現役時代に得たさまざまな達成感よりも劣ったものになるでしょうか。

そんなことはけっしてありません。やり遂げた達成感、感謝状を授与される喜びは、もしかすると、現役時代の達成感はもとより、上司の賛辞、昇進の恩恵の喜びを上回るものかもしれません。

壮年期に年収1000万円にはじめて到達したときの達成感よりも、働き続けて70代で350万円を得る達成感が小さいはずはありません。

ゴルフで、70代、あるいは80代で30年ぶりにハーフ49のスコアを出したときのほうが、壮年期に42を出したときよりも達成感は大きいのではないでしょうか。

また、ピークは単純な数字面での優劣の問題ではありません。数字的に優れようが劣ろうが、死ぬまで新鮮な達成感を味わえるようなトライをすることなのです。

「壮年期とは違った70代、80代のフェーズ（局面）で達成感のレベルを再現、もしくは更新する」

テーマは人によって多種多様でしょう。改めて別の表現をすれば「人生のピークを先に延ばす」とは、そういうことなのです。

伊能忠敬は「凄い高齢者」のお手本

「人生のピークを先に延ばした人」がいます。

それは伊能忠敬です。ちょっと説明します。

伊能忠敬は婿入りした伊能家の家業経営を成功させたほか、名主などを務めた後、50歳で隠居します。それからのセカンドステージが、〝凄い〟としか言いようがありません。

彼が生きた江戸時代の1700年代半ばから1800年代初めの平均寿命は30歳から40歳とされています。現代と異なり、乳幼児の死亡率がきわめて高かったため、単純な比較は無意味ですが、それにしても当時の50歳といえば、「高齢者」であることは間違いありません。

にもかかわらず、彼はかねてより関心を抱いていた暦学（天文学）を学ぶために、郷里の佐原（現在の千葉県）を出て江戸に居を移します。セカンドステージの始まりです。

江戸で当時の暦学の第一人者の高橋至時《よしとき》に師事し暦学を学びます。当時、高橋は伊能よりも19歳年下の31歳。ご存じの方も多いでしょうが、その後、伊能は17年かけて日本全国をくまなく歩き『大日本沿海輿地全図』完成の礎を築きます。

地図の実際の完成は弟子たちの手によるもので、伊能自身は完成図を目にすることなくこの世を去りますが、10回近く全国各地への測量の旅にトライし、素晴らしい成果を積み上げました。

生前の彼が、人生のファーストステージで味わうことのなかった達成感を得たであろうことは想像にかたくありません。

江戸時代終盤、日本を訪れた欧米諸国の要人たちが、その地図の当時としての正確さに驚愕したことは有名です。

話が長くなってしまいました。

歴史的に考えれば、伊能忠敬のセカンドステージのピークは、彼のファーストステージのそれを大きく超えたものと言っていいでしょう。

また彼の健康寿命の長さも特筆すべきでしょう。享年74歳ですが、当時としてはきわめて長寿です。その要因として日本全国を歩き回ったことで、年齢の割には筋肉量を維持していたことも挙げられるのではないでしょうか。

いずれにせよ、誰でも伊能忠敬のような歴史的偉業を果たすことはできませんが、70代、80代の生き方を考える上で、一つのお手本として覚えておいてもいいのではないでしょうか。

4 気をつけたい老化の特徴と変化

「威張り好き」は裸の王様になる

思秋期には、加齢により脳の認知機能が低下するとともに、この時期の人にありがちな思考の傾向が見られます。「威張り好き」もその一つです。

私は社会における厳格な主従関係、先輩後輩関係のルールを否定するつもりは毛頭ありません。しかし、流儀の問題かもしれませんが、そうした上下関係において、私は個人的には「上」とされる年長者、先輩、上司などの人間が年下の人、後輩、部下を「お前呼ばわり」することには抵抗感を覚えます。

いわゆる体育会団体や一部の企業においては、それが風土化していて当事者たちも当然のこととして受け入れていることは承知していますし、それが組織の結束力に結びついている面があることも否定しません。

ただし、そうした関係において理不尽に威張る人を私は好きではありません。なぜなら、**そんなタイプの人は感情面、精神面を重視するあまり、論理的な思考に基づいた的確な行動、選択ができないケースがしばしばあるからです。**極端なことを言えば、結果としてそれが組織の衰退、人間関係の崩壊に結び付くことさえあります。

「上」の人間が威張ることは、周りの部下や年少者の発言の機会を減らします。「言っても無駄」と彼らが感じて口をつぐんでしまうことになりかねません。これでは、上司、年長者の判断に潜むリスク要因をスルーしてしまう可能性が生まれます。

また、上司、年長者が思いつかないような「下」の人の有益な発想、選択肢の芽を摘んでしまうことにもなりかねません。

さらに言えば、威張ることでフレンドリーなコミュニケーションや人間関係を構築することができなくなることもあります。

いわゆる忖度上手な人間ばかりを周りにおいておけば、威張っている本人はそれで気持ちがいいかもしれませんが、そうした姿勢は大きな過ちを犯す可能性があります。まさに「裸の王様」です。

特に高齢者の「威張り好き」は「裸の王様」への入り口と言ってもいいでしょう。

「威張り好き」は人生の後半を〝貧しく〟する

20年ほど前、私がコメンテーターとしてテレビのあるバラエティ番組に出演したときのこと。リハーサルでのエピソードです。

「お前さ、何の先生やねん?」

当時、人気を誇っていたせいでしょう。その司会者がまさに威張り風を吹かせながらそう尋ねてきました。私は「なんだ、この態度は？」と感じながらも、それをおくびにも出さず、精神科医の仕事の要点をかいつまんで説明しました。話を聞き終えると、彼はひと言こう言って立ち去っていきました。

「へぇー、ラクそうでいいな」

同じ楽屋にいた共演者たちもあきれた顔。中には私を同情の眼差しで見つめる人もいました。

「信じられない」

表情からはそんな思いがうかがえました。

『感情的にならない本』の著者でもありますから、普通は表情を変えない私ですが、このときばかりは怒りの感情で顔色が変わっていたかもしれません。「ラクそう」という言葉のせいではありません。人にはいろいろな意見があります。

私は「ラク」とは思っていませんが、「ラク」という他人の見解の相違に怒ったわけではありません。

私が怒りの感情を覚えたのは、彼の無礼極まりない態度です。**その無礼は「自分は偉い」と思い込んでいること、そして「偉いから無礼でいいのだ」と確信していることから生まれている。**私はそう感じました。そんな彼に意見する人は周りにいなかったのでしょう。あるいは、そういう人を彼は遠ざけていたのでしょう。

彼はほどなく、テレビの世界から消えてしまいました。彼の人気番組の視聴率は下がることもなく、誰も惜しむ人はいないようです。

後で聞いた話では、彼の降板をテレビ局スタッフも内心ホッとしていたとのことでした。当時、彼は40代前半だったと思いますが、いまはどんな人生を送っているでしょうか。もし彼が、あの無礼さ、傲慢さをいまも改めていないとしたら、「普通の」社会人は彼のもとにはいないに違いありません。彼もまた「裸の王様」の一人でした。

もちろん「お前呼ばわり」はすべて悪とは思いません。**しかし、中高年の威張り散らす「お前呼ばわり」にかぎって言えば、部下、年少者からの「あなた裸ですよ」という有り難い指摘を得る機会を失くすことにつながります。**人間関係に恵まれた豊かな人生後半期とは言えません。

テレビの世界にかぎった話ではありません。

「わからない」「教えてほしい」が素直に言えますか？

「何がイヤかと言えば、とにかく人の話を聞かないということですね」

スマホのアプリの操作方法がわからなくなって、詳しい知人に教えてもらおうと頼んだときのことです。現在はゲームソフトの制作会社に勤めていますが、彼は以前、スマホショップで働いていたことがあります。

「どんな客がイヤなの？」

そう私が尋ねたところ、開口一番そんな答えが返ってきました。「話を聞かない」という客のほとんどが中高年だとのこと。

「ひと言、〝わからない〟〝教えてほしい〟と言ってくれれば、こちらも気持ちよく教えてあげられるんですが……」

私も同感です。

これからの時代、スマホ、パソコンの知識に疎い人、特に中高年以上は苦労することは間違いないでしょう。今の時代、友人知人との連絡、生活関連の振り込み等々、スマホがないと生活が成り立ちません。ＩＴスキルは生活の質を維持するためには、もはや欠かすことはできません。

そんな時代ですから、**70代、80代であっても、と言うよりも、70代、80代だ**

からこそITスキルを身につけることが、生活の質を高めることにつながることを肝に銘じておかなければなりません。

日々進歩するIT技術ですから、使う側も学習しなければなりません。ただし、AIの時代になればITと違ってやり方を知らなくても向こうが考えてくれる可能性が大ですが。

いずれにせよ、「話を聞かない」「わからないと言えない」「教えてほしいと言えない」人たちは本当に苦労することになります。中には新しい文化や先端技術の習得を拒み、「ガラパゴス化」を選ぶ高齢者もいるかもしれませんが、それは賢い生き方とは言えません。

考えなければならないのは、70代、80代になって体の不調や認知症などによって「移動」が困難になった場合のことです。新型コロナウイルス以外の感染症の流行による「移動」の制限も生じるかもしれません。

しかし、ＩＴスキルがあれば、こうした困難にもある程度対応可能です。食料、衣類ほか日常必需品の購入、新しい情報の入力そして出力はもちろん、病気の際にも在宅診療のリクエスト、リモートでの診察、薬の処方なども「移動なし」で可能になります。Ｚｏｏｍを使えば、直接会えない家族や知人とのコミュニケーションにも困りません。

70代、80代においては、「わからないから教えてほしい」というスタンスで習得したＩＴスキルが、暮らしの豊かさ、便利さをもたらしてくれるのです。

ちなみに先に述べた伊能忠敬ですが、「わからない」「教えてほしい」が率直に言える高齢者であり、「初心者、素人である自分を受け入れる人」「威張らない人」でもあったようです。

前述したように、50歳のときに師事した19歳年下の暦学者高橋至時に対して、終生、弟子として師を敬い、教えを乞う姿勢を崩さなかったとされています。

師である高橋は伊能の死の14年前に亡くなりますが、伊能は師への恩を忘れることはありませんでした。自分が亡くなった後は、高橋の墓の隣に自分の墓を建ててくれるように遺言を残しています。実際、いまも高橋の墓の隣に伊能は眠っています。

ここにも「凄い高齢者」である伊能の姿勢が偲《しの》ばれます。

過去の特権はいつまでも通用しない

70代、80代にかぎりませんが、中高年以降、心しておいてほしいことがあります。

「使える人は誰でも使え」

このスピリットです。**とにかく、いまの自分にできないことは、他人にやってもらうか、教えてもらうことです。**もちろんそのためには、特に若い人に「やってあげたい」「教えてあげたい」と感じてもらわなければなりません。

「わからない」「教えてほしい」が言えない人にはある特徴があります。

「『自分が享受してきた過去の特権はあらゆるフィールドで行使できる』と思い込んでいる」

やや暴論気味に言えば「会社の外でも車のドアは誰かが開けてくれると信じてやまない社長」「子どもの保護者会の挨拶文も官僚が書いてくれると思っている大臣」といったメンタリティの持ち主と言ってもいいかもしれません。

私が勤務していた高齢者医療施設でも、こうした「どこでも特権」の高齢者がいました。かつての地位の高さや特別なキャリアそのままに、周りの人に対してとにかく横柄に振る舞うのです。当然、次第に周りからも疎まれる存在になりました。なによりも、そうした経歴とは裏腹に、見舞いに訪れる人の数は本当に寂しいものでした。

逆に、現役時代は特に高い地位、特別なキャリアもなかった高齢者で、周りの人に親しまれ、見舞い客が後を絶たない高齢者もいました。**「自分が何者であったか」ではなく「いまの自分」を謙虚に誠実に生きている人です。**

当然のことながら、後者は「わからない」「教えてほしい」を言える人であり、前者はそれが言えない人でした。

人生の終盤、どちらが幸福かは明白です。

「枯れ老人」にならないために：性ホルモン減退への対処

「手術でがんは完全に取れたと医者に言われたんだけど、術後のアッチが心配だったんだ」

ある文芸雑誌で、某有名作家が同じくがんを克服した作家との対談でそんなことを話していました。この作家の言う「アッチ」とはもちろんセックスのことです。

結果はどうだったかと言えば「おかげさまで、大丈夫で安心した」とのことでした。70代半ばのこの作家は見るからに精力的な風貌で、執筆活動においても風貌そのままに数々の長編大作を世に出している作家です。

また、あくまで推測の域を出ませんが、どういう形であれ、これまでの言動から女性とのお付き合いにはきわめて積極的であり、豊富であることがうかがえます。「クラブ活動」にも精力的で、滅多に夜の銀座に足を運ばない私ですが、何度かお見掛けしたことがあります。

70代半ばにして「大丈夫で安心した」という彼の言葉に、私自身、素晴らしいことだと感心しました。

「男の更年期」

近年、この言葉を目にする機会が増えました。「更年期」と言えば、もともともっぱら中高年期の女性の肉体的変化のついて語るときに使われてきた言葉です。

前述のように私自身は、旧来、更年期と呼ばれていた時期のことを「思秋期」と呼ぶことにしています。

中高年期以降、性別を問わず、人間のホルモンバランスは大きく変わっていきます。別の項でも述べていますが、男性は男性ホルモンが減少し、女性は女性ホルモンが減少します。この時期を一般的には更年期と呼ぶわけですが、特に女性の場合はこの時期に生理が終わり、「更年期障害」と呼ばれる自律神経症状を呈する人が多くなります。

生理が終わるというはっきりとした変化があるために、思秋期における問題は女性特有のものと考えられがちですが、男性にもさまざまな変化が生じます。

実際のところ、この変化を「仕方のないこと」とあきらめてしまう人が多いのですが、この本の主たるテーマの一つであるアンチエイジングの観点から考えると、それは大きな問題です。

思秋期においては、自分の性のホルモンが減少するためにいくつかの症状が現れます。

- ●肌つやが悪くなる
- ●性欲が衰える
- ●男性は勃起不全が生じる
- ●女性は骨粗しょう症になりやすくなる

また、特に男性の場合は闘争本能のようなものが衰えるだけでなく、社交性が失われることになります。また、男性ホルモンの減少は、知的機能、特に記憶力の衰えという症状を生じさせます。ただし、この社交性について言えば、男性ホルモンが大きく関係しており、女性の場合、男性ホルモンが増えるために、

思秋期の終わりがけにおいて社交性が増すということがわかってきています。

そのことは、たとえば昼間の都市部のレストランなどでの風景に現れています。楽しそうに会話している中高年女性のグループはよく見かけますが、男性のグループはほとんどいません。また、コロナ禍で機会は減りましたが、平日の格安バスツアーの利用者のほとんどは女性ですし、観光地のお土産店、道の駅などで楽しそうにしている70代、80代の数は圧倒的に女性が多い。これも中高年期の男性ホルモン事情の性差の表れと言っていいでしょう。

もちろん、いわゆる更年期障害に苦しむ女性も少なくないのも事実ですが、それが終わった後、特に70代以降の楽しみ方のスキルは、男性に比べて女性のほうが一枚も二枚も上なのかもしれません。

じつは、思秋期に老化が現れるのは性ホルモンだけではありません。脳内環境の変化という大きな問題があります。

この時期、脳内の前頭葉が縮み始め、次のような変化が現れます。

●意欲や創造性が衰える
●感情のコントロール力が衰える
●セロトニンなどの神経伝達物質の減少を招き、うつ病のリスクが増す

これらはまさに「枯れ老人」の症状そのものです。もし70代、80代を充実させ、上機嫌で過ごしたいと願うなら、なんらかの対策を考えなければなりません。

その対策として、近年「ホルモン補充療法」が注目されていますが、それ以前に日常においても心がけるべきことがあります。

別の項でも述べますが、まずは肉類などの動物性タンパク質の摂取を踏まえたバランスのいい食生活を心がけることです。また、意識的に性生活を活発化することも有効です。

さらに、毎日、日光に当たること。

日光に当たることは神経伝達物質の分泌を促します。1時間、2時間といった長時間の日光浴は必要ありません。散歩しながら15分から30分程度、日光を浴びるだけでもいいのです。自宅のベランダ、あるいは窓越しであっても効果はあります。

これまでそうした習慣のなかった70代、80代であっても、すぐに始めてみてはいかがでしょうか。なによりも、ルーティンとして地道に続けるには意志の強さも必要です。こうしたことで、老化を遅らせ、自分の性を維持できるのです。

そして、男性ホルモンを増やすには運動も必要です。

冒頭で紹介した「大丈夫で安心した」作家の日常生活がどうであるかは知る由もありませんが、さまざまな努力の賜物であることは間違いありません。80代、90代でも精力的に活躍する姿を見られるものと確信しています。

「筋肉」が自立寿命のカギを握っている

1 自立寿命の3つの構成要素

「最近、年とった？」

「またちょっと痩せたんじゃない？」

「肌がカサカサしてない？」

70代、80代の人たちにとって、こんな言葉を投げかけられるのは結構辛いに違いありません。相手は特に深い意味もなく、見た目の第一印象を口にしただけかもしれませんが、思秋期後半の人間としては軽く受け流すことはできないかもしれません。

実際、アンチエイジングの観点から考えると「見た目」は大切です。見た目の衰えの最大の原因は、第一に栄養不足。第二に運動不足です。

特に栄養面での問題は高齢者にとっては文字通り〝死活問題〟といっていい

でしょう。
必要な栄養補給がなされていない高齢者の多くは痩せていますし、痩せていることで老けて見えます。世界中の調査で、痩せている人のほうが、小太りの人に比べて寿命が短いという結果が出ています。また、同じ寿命でも「自立寿命」が長いか短いかが問題です。

自立寿命は大きく3つの要素で成り立っています。

①補助なしに歩くことができる
②ひとりで飲んだり、食べたりできる
③物事を正しく認識できる

つまり、介護や支援を必要とせずに生活を続けるのが自立寿命です。**自立寿命を維持するために大きなカギを握るのが「筋肉」です。**

歩行についてはもちろんですが、人間の営みのすべてに筋肉が大きく関わっています。

たとえば、食べ物を咀嚼《そしゃく》したり、飲み込んだりする際、各種の骨格筋が必要です。しばしば高齢者の死に結び付くきっかけに誤嚥《ごえん》がありますが、この誤嚥も多くの場合、加齢による喉の周辺の筋肉の衰えが引き起こします。

正月になると、餅を喉に詰まらせて亡くなる高齢者がいますが、これも詰まった餅を吐き出すための筋肉が衰えているために窒息死してしまうのです。

きちんと歩けて、きちんと食べられる人ほど、筋肉量が保たれることで自立寿命が長く、認知症になりにくいという各種のデータもあります。

また、さまざまな感染症や体内の炎症、ケガなどに対しても、人間は筋肉をエネルギーに変えて改善を図るのです。ですから、筋トレでシェイプアップしたわけでもないのに、ただ痩せていて筋肉量が少ない人は重い病気になりやすく、治癒しにくくなります。さらに各種の合併症のリスクも高くなるのです。

80代、90代で長患いの末に亡くなった方の腕や脚を見たことがあるでしょうか。経験のある方なら、おわかりでしょうが、最期の闘いを終えた人の腕や脚にはほとんど筋肉は残っていません。

物を食べることもできず、直接胃に栄養を送り込む胃瘻《いろう》もできず、点滴も受け付けない状態でも、何日か生きながらえた方は、最後は筋肉から生きるためのエネルギーを供給してもらうのです。

② 「粗食」は老化加速のリスク要因

当然のことながら、筋肉を作り出し、その筋肉を維持するために欠かせないのが食と運動です。

「年をとるとさっぱりしたものしか食べられない」と肉食を控えたり、「お腹が空かないから」と食べる量をむやみに減らしたりする高齢者がいます。質、量ともに若いころと同じように食生活を続けることが理想ですが、70代、80代であっても自立寿命を延ばすためには、「粗食」を意識的に回避することを心がけるべきです。**「粗食」は老化を加速させるリスク要因だと考えておくべきです。**

また、夏になると熱中症で多くの高齢者が救急車で病院に運ばれてきますが、その多くが「喉が渇いていなかったから、水分補強をしなかった」と話します。

これは「喉が渇いていなかった」のではなく、「喉が渇いていることに気づかなかった」というのが実情です。**体が水分補給を求めているのに、老化によって、その体の叫びに気づいていなかったのです。**

高齢になると「肉を食べたい」とか「もっとエネルギーが欲しい」という体の声に気づきにくくなりがちです。注意が必要です。

3 アンチエイジング対策としてのサプリメント効果

ところで、70代、80代の多くがさまざまな欲求が減少する中にあって、私が注目している方がいます。プロスキーヤーの三浦雄一郎さんです。直接お会いしたことはありませんが、各種のメディアが伝える三浦さんの生き方は70代、80代の方々のお手本といっていいでしょう。

三浦さんは、古くはスピードを競うスキーの「イタリア・キロメーターランセ」で当時の世界記録を塗り替えたり、富士山からのスキー直滑降から始まってエベレストや南米大陸最高峰アコンカグアまで、世界七大陸最高峰全峰からの滑降を成し遂げたりしました。

ちなみに、1964年イタリアで開催された「イタリア・キロメーターランセ」では、時速172・084キロという世界記録を打ち立てましたが、転倒も経験しています。転倒の際、起き上がった三浦さんを見て「He is still alive（彼はまだ生きている）」と観客が驚嘆したというエピソードがあります。そのため「世界で最も速い速度で転倒して無傷で生還する」という記録も打ち立てました。

1932年生まれですが、いまも健在でさらなるチャレンジのために体を鍛えておられます。当然、食も肉食中心で世の同世代が舌を巻くほど旺盛のようです。

しかし、「鉄人」のようなイメージを多くの人が抱くかもしれませんが、これまでにさまざまなケガ、病気を経験しています。近年も特発性頸髄硬膜外血腫を患い、闘病生活も送っていました。

三浦さんがあるメディアのインタビューで素晴らしい言葉を残しています。

「治る楽しみが病気にはある」

70代、80代と年齢を重ねれば、誰でも「無病息災」というわけにはいきません。**病、ケガ、体の不調とどう折り合って、克服していくかが70代、80代を上機嫌で生きていくためのテーマとなります。**三浦さんの覚悟は多くの同世代に勇気を与えるものだと言っていいでしょう。

4 三浦雄一郎さんのチャレンジ精神の源

その三浦さんは、テレビコマーシャルにも出演しているように、健康維持、そして筋力維持、増強のためにサプリメントを愛用しているようです。

私は、20年くらい前から「和田秀樹こころと体のクリニック」という自費診療のクリニックを経営していますが、そこでは、アンチエイジングや各種症状の対策として、それぞれの患者さんにあったサプリメントを提供しています。

私自身も愛用者で、しばしば「いつまでも若い」と周りからも言葉をかけられますが、アンチエイジングの効果を実感しています。

私とサプリメントの出会いは香港です。20年ほど前にアンチエイジングの権威であるクロード・ショーシャ氏と知り合ったことがきっかけです。ショーシャ氏は、かつてダイアナ妃のアンチエイジングの主治医を務めたほか、パリと香港で名だたるセレブのアンチエイジングを行っている人です。

その後、彼の著作の日本での出版を手伝ったこともあり、香港にあるクリニックの研修を受けさせてもらいました。そして、そのノウハウを導入して一種のフランチャイズのような形でショーシャ方式のアンチエイジングのオフィスを私は立ち上げました。それが「和田秀樹こころと体のクリニック」です。もちろん自分でも実践し、サプリメントを飲み続けています。

表の薬剤は、尿検査の結果、私に必要とされたサプリメントです。ご参考に一覧にして載せておきます。

日本の従来の医療施設とは比較にならないほど長時間をかけてのカウンセリング、患者さんそれぞれに合わせたサプリメントの処方など、独自のクリニックです。ただ、自由診療であること、経営者としての私のスキルの問題もあってか、大盛況とまでは言えません。世界中のショーシャ方式のクリニックの中で一番売り上げが少ないと言われました。

表　ショーシャ方式のサプリメント処方の一例

サプリメント名	効能・効果
PAAM	ショーシャ先生の独自処方で、男性の老化予防のためのさまざまな微量栄養素の合剤
アセチルＬカルニチン	脂質の代謝を助ける
マグネ B_6	マグネシウムとビタミン B_6 の合剤。ビタミン B_6 は、アミノ酸の代謝を助け、免疫機能の働きを維持
Ｂシャブレ	総合ビタミン剤。頭をシャキッとさせる B_1 が主成分
ユビキノールコエンザイムQ10	強力な抗酸化剤。疲労回復にも有効
アルファァリポ酸	抗酸化作用があり、肝臓や腎臓の働きを助ける
ビタミン B_9	体循環を改善する作用がある
Ｌグルタミン	神経や腸の防御システムを改善するとされている
ディフＫ	カリウムを補う
スーパーオメガ3EPA/DHA	血液をサラサラにし、動脈硬化の改善が期待できる
パンテストン	テストステロン製剤
ビタミンＣ	コラーゲンの生成に必須とされているもの
ビタミンＥ	抗酸化作用、抗炎症作用、酸化ストレス抑制作用の強いビタミン

※現在は、ライセンスの関係で尿検査に基づくサプリメント処方は行っておりません。

話が少しわき道に逸れてしまいましたが、**筋力の衰えを予防し、健康寿命を長く維持するために食生活の見直し、運動とは別に、各種のサプリメントの利用も考えてみてはいかがでしょうか。**信頼のおける医師に相談してみてください。

第2章

「衰えていく自分を知る」ことが心と体の老化を防ぐ第一歩

1 老化は感情からやってくる

「見た目の若さ」は栄養と運動でつくられる

老化は個人差がかなり大きいと実感しています。

私は20年以上にわたって有料老人ホームのコンサルタントをしてきましたが、80代でも何事にも意欲的で、運動に励み、食事でしっかり栄養を摂っている方であれば60代に見える方もいます。逆に、栄養状態がよくなくて病気がちであれば、80歳くらいで90歳に見える方も珍しくありません。

2021年、医師の近藤誠先生と対談集の書籍を上梓したのですが、その際に近藤先生に『サザエさん』のお父さん、磯野波平の年齢は54歳、と話しました。すると、少し驚いておられました。60歳は過ぎていると見ていたのです。

ただし、改めて考えてみると『サザエさん』が登場した昭和20年代は、波平さんのような50代半ばで〝老人然〟とした人はごく当たり前でした。

ですから、作者の長谷川町子さんは「ごく普通のおじいちゃん」として波平さんを描いたのではないでしょうか。

当時、定年間近の日本人男性は波平さんのような風貌でした。

たとえば、昭和20年代後半でも、日本人男性の平均寿命は60歳前後、女性でも65歳前後です。現在よりもかなり平均寿命が短い時代にあって、54歳の波平さんは「立派な高齢者、おじいちゃん」であったのです。

このように時代が変わり、栄養状態もよくなって、昭和の時代と現代では、実年齢と見た目の関係がずいぶん変わりました。元気で長寿の高齢者が増えた理由として、医療関係者の中には医療技術の進歩を挙げる人がいますが、それは大間違い。医療の進歩など、ほんのわずかなファクターに過ぎません。**日本人の長寿に大きく寄与したのは間違いなく栄養**です。

若々しさや健康度は平均寿命にも表われています。２０２０年厚生労働省が公表した日本人の平均寿命は男性が81歳、女性が87歳。日本は、世界でもトップクラスの長寿国であり、昭和20年代後半のころと比べると、約70年間で20年も寿命が延びている計算になります。**それにしても改めて考えさせられるのは「余生」の長さです。もはや「定年後＝余生」ではないともいえるでしょう。定年後の生き方、時間の使い方は、ますます重要になっています。**

先ほども申した通り、見た目の若さは栄養と運動です。つまり、自分の工夫次第でつくられるということなのです。

「心が健康な人」はいつまでも若々しい

年齢を重ねれば誰でも老化します。それはある意味、生物学上、避けられないことですが、**心つまり、感情の老化は、個人の意識の持ち方次第でかなりコントロールでき、進行を遅らせることが可能です。**

したがって、特に気を付けて予防していきたいのは体の老化よりも、この「感情の老化」なのです。

心が健康で感情が老化しない方は意欲的に活動するので、体も頭も使い続けることになります。老化予防で大事なのは頭や体を「使い続ける」ことなのです。

逆に、感情が老化すると、意欲が低下し、頭や体を使うことが億劫になります。そうすると、身体機能も脳機能も使わないうちにどんどん老化していくことになります。

感情を老化させる原因には、①脳の前頭葉の萎縮、②動脈硬化、③神経伝達物質・セロトニンの減少があります。

では、原因を一つずつ見ていきましょう。

1 脳の前頭葉の萎縮

年をとるにつれ、脳は前のほうから縮み、前頭葉から萎縮していきます。前頭葉は高次脳機能のうちの、思考や判断・創造性などを司るところです。**前頭葉の機能を低下させないためには、前頭葉に刺激を与え続けることです。**具体例は後述しますが、生涯現役で仕事や趣味の活動をし続けることです。脳トレによくあるような簡単な足し算も脳の血流を増やすので効果的です。**難しい本を読むより簡単な計算のほうが前頭葉への刺激となります。**

2 動脈硬化

年をとるにつれて、だんだん血管の壁が厚くなり、血管の内腔が狭くなってきます。血管の内腔が狭くなると脳に酸素が届きづらくなり、意欲の低下が生じやすくなります。**予防としては、バランスのとれた食生活と適度な運動が大切です。**

3 神経伝達物質・セロトニンの減少

セロトニンは、幸福感ややる気（意欲）につながる「幸せホルモン」としてメディアで紹介されたりしているので、聞いたことがある方も多いのではないかと思います。

「腸内細菌」がクローズアップされるようになって10年くらいたつでしょうか。雑誌、新聞をはじめとする多くのメディアで腸の重要性が注目され、善玉の腸内細菌のエサとなるヨーグルトや納豆といった発酵食品の売れ行きが急増するなど、大きなブームになりました。

多くの人々の関心を集めた背景に、腸内細菌のもたらす効果が「腸だけではなく脳にまで及ぶ」という点があったように思います。「下半身に存在する腸が頭の脳に影響を及ぼす」ということに驚かれた方も多いかと思います、それは、セロトニンという神経伝達物質が腸内細菌の働きで作られるからです。

腸の中の細菌類がバランスよく保たれていれば、幸せを感じやすくなるセロトニンというホルモンが多く分泌される、というわけです。**セロトニン生成の材料となるたんぱく質を摂ることも大事です。**

また、セロトニンは、日光を浴びることで分泌が活性化されます。**朝の散歩など、太陽の光を浴びながら軽い運動をすることはセロトニンの減少予防に効果があります。**

女性が高齢期に活動的になる意外な理由

70歳くらいになると、生活全般において意欲を失くしてくる男性が増えてきます。出かけるのが面倒、人と会うのが億劫、雑誌や本を読まなくなる、着るものに頓着しなくなる、部屋が片付けられない……。中年以降の男性に〝ショボクレ感〟が強いのは、男性ホルモンの量が大きく関わっていると考えられます。

ちなみに、女性の場合は閉経後に男性ホルモンが増えます。レストランやカフェなどで中年の女性たちのグループが楽しく歓談している光景をよく目にしますが、**男性ホルモンが増えると人に興味を持つようになり、人付き合いがさかんになるのです。**

男性ホルモン＝女性を好きになるだけのホルモンではありません。**男性ホルモンは「人にやさしくなる」という作用もあります。**

「感情の老化」は意欲の低下につながる

早い人は50代から、多くの人は70代になると、いろいろなことを実行するのが面倒になり、日常生活の中で運動量もぐっと低下してきます。1日に5000歩くらいは歩くことを心がけていた人が、ウォーキングの習慣を失くしてしまえば、運動機能や脳の機能の低下は目に見えています。**つまり、意欲の低下が心身の老化につながっていくのです。**

ものごと一般に対する意欲が低下してくると、ときに「老人性うつ」といわれる状態を招きます。うつ病のレベルではない場合は、精神科に診てもらったり、薬を服用したりすることはないことも多いのですが、なんとなく「ボーッとしている老人」になってしまいます。**そうならないように、感情の老化予防を始めましょう。**

2 要介護「フレイル」の予防方法とは

コロナ禍に老化スピードが早まる人が増加

新型コロナウイルス感染症は、高齢者の心身の健康に大きな悪影響を及ぼしました。外出自粛の大号令のもと日本全体が自宅に隔離されているような状況が続きました。「生命が最優先。それを軽視するのは人にあらず」的な意識が蔓延し、散歩すら自由にできなくなりました。

心身の活力維持のために、運動や社会参加が勧められてきた高齢者に、これは今後も重大な影響をもたらすのではないかと私は見ています。

一部の高齢者が楽しみにしていた「昼カラオケ」などはもってのほか。飲食店の営業も自粛となり、いままで外でお酒を楽しんでいた高齢者は独り自宅で飲酒する「家飲み」が増加したのです。独居の高齢者は自宅にこもり、孤独を感じる生活が続いていたことと思います。

その結果、ワクチン接種後に外出をするようになった高齢者に「少し歩くだけで疲れるようになった」「カラオケをしてももう楽しくない」などといった〝自粛後遺症〟が多く見られるようになりました。「外に出なくなって歩けなくなった」「ぼけたようになっちゃった」という患者さんも実際にいます。

100万人、200万人という単位でフレイルという虚弱状態や要介護になる高齢者が出てくることが十分、予想されました。

コロナだから自粛しなさい、マスクをしなさい、アルコールで手指消毒をしなさいというのは、一見、害がないことのように思われますが、医療行為といっていいものです。どんな医療行為にも少なからず副作用というものがあります。

そのことに対する告知や対策を国や行政は国民にすべきでなかったかと私は思っています。

特に高齢者は、自粛ばかりを要請し、国民の自由を無視した国や行政のいわば犠牲者になっています。政府が頼りにならない以上、**高齢者は自分の心と体は自分で守らなければならない事態となりました。**それを怠れば不健康な状態に陥り、いきいきと人生の後半の生活を送ることができなくなります。

いまのあなたの意欲度は？

それでは、いまの自分の「意欲度チェック」してみましょう。最近の生活の中で以下の項目のうち、いくつ該当する「YES」があるでしょうか。

①最近、宅配の新聞以外に新聞や雑誌を買ったか
②旅行や外食をしたい気分になっているか

③友人、知人と積極的に会いたい気持ちになっているか
④趣味を再開したいか

1つも「YES」がないようだと、要注意。自分でしか己の意欲は高められないことを改めて再認識したいものです。

要介護一歩手前。身体や脳が衰えるフレイル

前項で少し触れましたが、最近、フレイルという言葉をよく見聞きするようになったかと思います。**自粛の副作用で最も増えたものがこのフレイルです。**

フレイルとは「虚弱」という意味で、年をとって身体や脳の機能が衰えつつあり、心身の活力が低下した状態です。具体的には「歩くスピードが遅くなった」「お茶などを飲むとむせる」「昨年と比べて外出回数が減った」などが挙げられます。**健康と要介護の間で、また健康の状態に戻ることもできる状態です**

（図参照）。

厚生労働省は２０２０年から75歳以上の人を対象に「フレイル健診」を実施していますが、現在その該当者は全国で約３５０万人。心身が衰え、要介護状態の入り口に立たされている人は、こんなに多いのです。

フレイルの状態を判断する目安としては、左記のとおりです。

●体重の減少（意図していないのに自然に減っている状態）

●疲労度の増加（散歩の距離を少し増やすと疲れる）

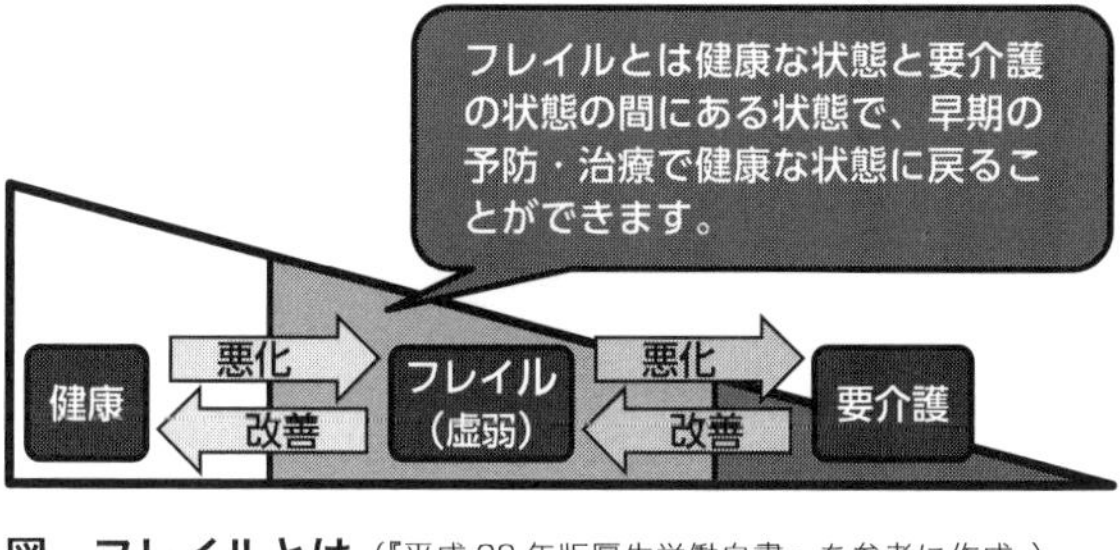

図　フレイルとは（『平成28年版厚生労働白書』を参考に作成。）

●活動量の減少（出かける回数が減っている）
●動作が遅くなる（歩行速度の低下など）
●筋力の低下（ペットボトルの蓋が開けにくい）

このうち3項目以上が該当したらフレイル、1〜2はフレイルの前段階、ゼロは健常となります。３以上の人は年齢を問わず心身の健康状態をチェックすべきで、進行速度が速い場合には軽度の脳梗塞や心不全、あるいは腎機能の障害といった病気が隠れていることがあります。

心の面でもフレイルの状態が続き、さらに悪化してくると周囲から「認知症では？」と思われることが多くなってきます。物忘れが多くなると、本人や家族は認知症を疑うケースが増えてくるのですが、**私の印象では60代で認知症と思われる人の7〜8割、70代では約半分は認知症ではなく、老人性うつ病です。**

フレイル予防の分かれ道とは

一般的に認知症は症状がゆっくり進む傾向があります。じわじわとぼけたような状態が続き、それが進んでいきます。

一方、老人性うつ病は記憶障害や着がえをしなくなるなどが同時に、急に発症することが多くなります。さらに「眠れなくなる」「夜中に何度も目を覚ます」「急な食欲の低下（逆に過食）」などが起きたらうつ病を疑うべきです。

フレイルはまさにこの老人性うつ病の「とば口」に立たされているのですから、適切な対処が必要になってきます。自分にとってフレイルを起こしやすい危険因子を調べ、予防法を実践することが大切です。

もちろん、特効薬的な対処法があるわけではなく、**対策の柱としては運動、食事、睡眠となります。**年齢を重ねれば自分の体に合った運動法や睡眠法を実践しているはずです。それを意識して、実践することが大事です。

たとえば、室内で軽い運動をする、人の少ない朝の時間帯などにでも外に出て、短時間でも太陽の光を浴びるということはできるでしょう。運動をすればお腹も空きますので食事で栄養を摂ることも心がけたいものです。

電話でもよいので、人と話すなどコミュニケーションをとることがフレイル予防の分かれ道です。

肉を食べると元気が出るのは本当

誤解を恐れずにいえば、昭和30年代くらいの日本の食卓はあきらかに栄養不足でした。特に肉の量は少なく、タンパク質の摂取は魚介類と豆腐、納豆などの植物性タンパク質が中心でした。それが、高度成長期以降、肉の摂取量が増え、健康な体が作れたのです。

ただし、現状でも肉の摂取量は十分ではありません。免疫機能を高めるためには動物性タンパク質は必須であり、脂肪は免疫細胞のリンパ球を形成する重要な役割を担っています。人には肉食動物の一面があり、肉を食べることは自然に沿ったことなのです。

「年をとったら肉は控えて消化の良いものを」と言う人がいますが、私は日本人の肉食の少なさが心身の不調を起こしていると考えています。

日本人の多くは年をとると魚や野菜が食事の中心になり、肉食が減少する傾向にあります。日本人の肉の摂取量は1960年代で1日に20グラム以下。1970年代に日本マクドナルドを創業した藤田田《でん》氏は「日本人にもっと肉を食べさせたかった」と語っていましたから、70年代でもわずかな量だったはずです。

その後、バブル期などを経て少しずつ量は増えてきましたが、現在でも100グラム程度に過ぎません。80年代に、おかしな健康ブームから肉は食べないほうがいいという風潮が強まり、2017年には70グラムのレベルにまで低下しています。

一方、アメリカは心臓疾患の増加から肉食を減らす運動が行われてきましたが、それでも現在は約300グラム程度は食べているといわれています。


フレイル予防はもちろんのこと、健康全般を考えても日本人はもっと肉を食べるべきです。欧米では心筋梗塞で亡くなる方が多いので、コレステロール値を下げるために肉食を控えるのは納得いきますが、現在の日本での死因のトップはがんです。がんと闘う免疫細胞をつくる栄養としてコレステロールは欠かせません。がんはコレステロールが高いほうがなりにくいという調査データもあるのです。


「落ち込んでいたら焼肉を食べる」

そんな人が多いようですが、これも正論です。

すでに意欲の低下と脳内神経伝達物質のセロトニンとの関係を述べましたが、

幸福をより感じやすくなるセロトニンは肉を食べることによって増加すること
がわかっています。肉に含まれるアミノ酸などがセロトニンを生成する材料に
なっているからです。

3 活動し続けることが「最高の老化予防薬」

「生きる意欲」を減退させない生きがいの効果

生きる意欲を減退させないために必要になってくるのが生きがいとなる仕事や趣味です。

私は精神科医、著述家、映画監督といった肩書きで仕事をしていますが、60歳を過ぎて改めて「現役を続けやすい仕事を持ってよかった」と実感しています。本業は?と尋ねられることもありますが、いくつもの仕事ができることは本当に幸せなことです。

精神科医になったとき、先輩の医師からこんなことを言われました。

「精神分析の学会には70代、80代の医師が多く顔を出している。一生、楽しめる」

その言葉を昨日のことのように思い出します。

意欲を持ち続け、**感情の老化を予防するには仕事や趣味、家事から引退しないことが一番です。**引退というとやや大げさかもしれません。生涯現役で仕事や趣味、ボランティア、家事にいそしむことが最大の老化予防につながるのです。

サラリーマンを定年退職後、経済的な裏付けさえあれば、趣味に生きることは一つの生き方でしょう。

現役時代にはさまざまな制約があった趣味の時間を思う存分に楽しむことは、老化予防の一策となるはずです。

やはり、仕事を続けることの老化予防の効果は大きいです。選り好みさえしなければ、職安に足を運んだり、シルバー人材派遣に登録したりすれば、就ける仕事は見つかるのではないでしょうか。「上司、同僚といった第三者に何かをやらされる」という状況の刺激が体と脳を活性化させます。

馴れない環境で仕事やボランティア活動をすると、新たなストレスが生じてきますが、自分でコントロールできる程度のストレスならば「買ってでも体験する」が正解です。

リタイアした生活に突入すると、当初はストレスフリーの状況に感謝するようになります。満員電車に乗らず、気の合わない上司と顔を合わせることもありません。「自由はなんて素晴らしいんだ！」と快哉《かいさい》を叫ぶ人もいるはずです。

ところが、それは束の間。ストレスのない生活を続けていくと、それ自体がストレスになってきます。その結果、小さなことにイライラするようになり、配偶者や子どもに嫌われたりします。家の中では浮いたような存在になり、家族はいるのにろくに会話もしないような高齢者が少なくありません。

仕事やボランティアなどに出かけず、毎日家にいられたら家族から疎ましく思われるのは当然です。そんな人にならないためにも、外に出ようではありませんか。

人生後半は「病気は道連れ」と心得る

体調の管理も、定年後のセカンドステージで気をつけなければならないポイントです。私のことを少しお話ししますと、いま心不全の診断を受けています。心不全では最も一般的な薬剤として使われる利尿剤を飲んでいて、体内から余分な水分が排出されることによって心臓の負担はかなり軽減されています。

ただ、その副作用の一つとしてトイレが異常に近くなっています。1時間程度なら当たり前、ひどいときは20分くらいで尿意を催すのですから、日常生活にも支障をきたしています。自宅での仕事の場合は問題ないのですが、外出先での突然の尿意にはヒヤヒヤものです。

特にコロナ禍の際は、コンビニをはじめトイレを閉鎖しているところが多く、病気になってみないとわからない不都合が日常生活にたくさんあることを実感しました。高齢者や病気を持つ人が活動的に生活できるバリアフリーな街になることを望んでいます。**その前にいまのオムツの性能は凄く良いので、オムツをはくこともためらわず外に出ようという、気持ちの転換も大事です。**

その他にも、この数年患っている糖尿病や最近は五十肩にも苦しめられました。それらの病気を克服した、とはとても言いがたいのですが、どのように付き合っているかを述べていきたいと思います。

血糖値コントロールにスクワットをしたけれど……

現在、糖尿病はなんとか小康状態を保っている状態で、血糖値はもちろん正常よりはかなり高いですが薬を飲まずにぎりぎり現状を保っています。とにかく毎日歩くことを心がけ、それが薬代わりになっているのかもしれません。

2、3年前までは毎日、ほとんど歩くことがありませんでした。自分で車を運転する上に、タクシーもよく利用していましたから、もし歩数計を使っていたら1日に1000歩もいかなかったかもしれません。

それが一転、日々歩くようになったことが、薬なしでも糖尿病を悪化させない原因だと思うのですが、ただ歩くだけではなくて、早足なのがよかったのではないか、と当初は思っていました。

子どものころから徒競走は「からっきし」だったのですが、持久走はクラスでもトップクラス。せっかちな気質が影響してか（？）大阪出身は歩くのが速いといわれますが、私もそのクチかもしれません。

ところが、いくら早足で歩いてもあまり血糖値が下がらないことがわかったのです。散歩は日々の体調維持には一定の効果が得られるはずですが、血糖値を下げるという医療的な効果まではさすがにムリでした。

そこで試してみたのがややきつめのスクワット。これを続けてみたところ効果てきめん。見事に血糖値が下がったのです。体験から学んだのは、脚の筋肉が最も糖を消費してくれる、ということです。運動で重要になってくるのは「三日坊主」にならないこと。これは個人差がありますが、意を決して運動を始めてもしだいに面倒になってきます。

しかし、強く習慣づけることで運動は継続しやすくなってきます。歯磨きと同じこと、と考えれば続けられるのではないでしょうか。少なくとも私はそういう思いでスクワットを続けて頑張ってきました。

ただ、ここで再び問題が発生しました。スクワットをやり過ぎたせいなのか、耐えられないほどの筋肉痛が発生したのです。まさに「あちらが立てばこちらが立たず」の状態。高齢になると、あちこち痛がる患者さんが増えてくるのですが、痛みは本当に辛いもの。体験してみて患者さんの真の気持ちが理解できました。

しかし、これでもまだ〝災難〟は終わりませんでした。次は五十肩。右腕でしたから痛み止めを飲まないとパソコンも使えません。脚の筋肉痛の数倍上の痛みでしたが、使っているうちに自然に解消しました。

降圧剤、飲むべきか飲まざるべきか

病気や体の不調をいくつも経験して感じるのは薬との付き合い方の難しさです。「飲むべきか飲まざるべきか」……。正確にいえば「飲み続けるべきか否か」。ほとんどの高齢者はこれで悩んでいます。

その代表が降圧剤です。現在、わが国では2000万人以上、70歳以上の2人に1人は降圧剤を飲み続けています。高齢になると、1日に10錠以上薬を飲む人が珍しくないのですから、膨らんだ薬袋の中には必ず降圧剤が入っています。

その理由はじつにシンプルです。**高血圧と診断された人が血圧を下げるべき基準値の「降圧目標」が厳し過ぎるからです。**

２０００年には最高血圧が高齢者の場合１６０㎜Hgまでが治療の目安とされるガイドラインが出されました。いまはさまざまな条件が付加されますが、上が１３０㎜Hg未満、下が80㎜Hg未満くらいになっています。若い人でもこれくらいの血圧の人はたくさんいます。

降圧剤の市場規模は1兆円を超える、という声も聞こえてきますが、降圧剤と老人性うつ病の関係性を指摘する向きもあります。降圧剤そのものを否定するわけではありませんが、継続使用を避けるような生活の工夫が重要になってくるはずです。

私自身、降圧剤を飲まないと最高血圧は２００を超えます。それでも、いわれているような〝正常値〟までは下げずになんとか上を160〜170くらいでコントロールしています。

前述のように、高齢になり、動脈硬化が進むと血管の壁が厚くなります。内径も狭くなるために、血圧や血糖値が多少高めのほうが脳に酸素やブドウ糖などの栄養素が行きやすくなる、という一面もあります。

その昔、血圧は「年齢プラス90」でもOKという時代もありました。**血圧、血糖値については、画一的な基準値に照らし合わせて一喜一憂する必要はないと私は考えています。**無視しろとはいいませんが、その値にあまり神経質にならないということも大切です。

年をとればみんな「ウィズ・がん」「ウィズ・アルツハイマー」

私は浴風会病院という老人ホームに付設されている高齢者専門の総合病院に勤務していたのですが、そこでは病死した患者さんの解剖結果を報告する「剖検検討会」を定期的に行っていました。

あるとき耳にした病理の医者の言葉がいまでも忘れられません。

「85歳を過ぎて、体のどこにもがんのない人はいません。脳にアルツハイマーの変化のない人もお目にかかったことがないです」

80代以上にかぎれば、動脈硬化の所見のない人もいなかったといいます。


無病息災という言葉があります。これは神社などで祈願する言葉であって、残念ながら現実には長い人生において無病など、ごくわずかな例外を除いてあり得ないことです。


「一病息災くらいがちょうどいい。一つくらい病気を持っているほうが体調に留意するから、結果的にはそのほうが健康で長生きする」

と、ある医師がそういっていましたが、健康の真理をついているのかもしれません。

ご遺体の解剖結果を数多く見てきた経験から、年をとれば誰もが病気と関わらざるを得ない、という当たり前の現実をしばしば目の当たりにしてきました。最近では、コロナ禍を経て「ウィズ・コロナ」という言葉をよく見聞きしましたが、その例にならえば、**超長寿時代の現代においては「ウィズ・がん」「ウィズ・心筋梗塞」「ウィズ・アルツハイマー」は、高齢者であれば誰にでも想定しておかなければならないことなのです。**

健康なうちに病気になった時の治療法を決めておく

がんが体内にあっても、かなり高齢の場合は症状が出ない方もいます。肺炎など別の原因で亡くなられて解剖してみたらがんがあったという方がむしろ多数派だったのです。そう考えると、ご高齢で辛いがん治療を受けるより違う選択肢もあるのではないかと思います。**自分が病気になった時の治療法の希望を、**

健康なうちに決めて、もし入院するならこの病院、というところまで決めておくことをお勧めします。

脳に関しても、頭部CTを見るだけでかなりはっきりした状態が把握できます。アルツハイマーでは脳が萎縮し、脳のシワとシワの間が広がってきます。ただし、脳萎縮がかなり進んでいるのに、理路整然と話し、認知症の症状がほとんど見られない方がいます。反対に、脳萎縮は目立たないのに一日じゅうボーッと一点を見つめている方もいます。

その違いはどこからくるのでしょうか。

まずいえることは、萎縮していても機能があまり衰えていない方は、やはり頭をよく使っている。頻繁に「頭を悩ませている」といってもいいでしょう。

加齢によって脳の神経細胞の数はかなり減少してきます。脳全体も萎縮してきます。それは自然の摂理であって防ぎようはありません。パソコンにたとえれば神経細胞というハードの年式が古くなるのはやむを得ないのです。ところが、アプリケーションなどのソフトが古くなければ、パソコンとしての機能はさほど衰えません。加齢とともに縮んでくる脳であっても使い方次第では現役を続けられるのです。

これは脳にかぎったことではありません。体に変化が起きたとき、それをすぐに無理やり取り去ろうとか消してしまおうと考えるのはお勧めできません。体に問題があることを前提に、どう不具合と付き合っていくかをまず検討すべきです。

しかし多くの場合、現実は不具合が起きればすぐ病院、そして薬が当たり前になっています。それで問題は解決するかといえば、必ずしもそうとばかりはいえません。

処方薬が増え続ける本当の理由

医者の裏話のようになってしまいますが、多くの医者は自分で薬をあまり飲みません。

頭が痛いときなどに緊急で痛み止めを飲んだりすることはありますが、**高齢になって何十錠も薬を飲む医者はほとんどいません。その理由は、薬には多かれ少なかれ必ず副作用のあることを痛いほどわかっているからです。**

高齢者にとってポピュラーな薬といえば降圧剤と血糖値を下げる薬ですが、この2つは、最初に服用するとだいたい「頭がふらふらします」と患者さんは訴えます。

これは立派な副作用なのですが、医者も患者もそのうち馴れてしまい、飲み続けることに抵抗がなくなってきます。こうして高齢になれば何種類もの薬を飲み続けるようになるのです。

開業医の多くがたくさんの薬を処方する理由として、医学の専門分化が考えられます。たとえば「内科クリニック」という看板を出していても、その院長は開業する前に大学病院などで特定の臓器を専門に診てきたケースがほとんどです。したがって専門外の臓器の疾患に関しては、医療マニュアルを見て薬を選んだりします。

まさに問題集の答えと解き方が解説されている学生用の「アンチョコ」のようですが、そこには標準治療の方法や薬剤の用法などが記されています。しかも1つの疾患に対して奨励される薬は2、3種類記載されていることから、どうしても処方する薬も多くなってくるのです。「これも飲んでおいたほうが安心かな」とマニュアルに従って考える医者も少なくありません。こうして「保険にかけられたように」薬は増えていきます。

薬の多さが不安になり、相談したところ、「黙って数値を下げればいいんだ」

と怒鳴る医者がいるとかいないとか。

もし本当にそんな医者に遭遇したら、さっさと別の医者に診てもらうことをおすすめします。

与えられた情報を疑い、自分で確かめる視点を持つ

2020〜2022年はまさにコロナに振り回された時代でした。

一時、入院はおろか感染者用に自治体が用意したホテルなどの施設への入所も困難になり、患者は自宅療養という名のいわば医療放棄を余儀なくされてしまいました。テレビの情報番組では毎日「医療崩壊」の深刻さが放映され、世の中はコロナ一色になってしまいました。

もちろん、私はコロナ禍に起きたさまざまな実害を軽視するつもりはありません。コロナの蔓延によって多くの命が奪われ、さらには後遺症に長期間、苦しんだ人もたくさんいました。

しかし、その一方で自粛によって多くの人々が仕事を追われ、経済的困窮に陥ったことは看過できない事実です。

ただし、それらを承知した上で持つ疑問は「それにしてもコロナを取り上げる報道は少しばかり偏っていなかったか」ということです。

それは数字が物語っています。2021年12月現在、わが国で最もコロナによる死者数が多かったのは2021年の5月で、1日の平均で約110人。これはコロナによって持病が悪化して亡くなった方も含まれますから、コロナが直接的な死因になった方は、この数字より少なくなることも考えられます。

よく指摘されることですが、インフルエンザによる死者数はこれよりも上回ることが多いのです。

たとえば2019年の1月では、死者数が1日で50人以上に達しています。

もちろん、単純な比較はできませんが、コロナは1日で110人、インフルエンザは1日で平均50人。しかも、インフルエンザの場合は医師が「死因はインフルエンザ」と認めた場合のみですから、インフルエンザによって肺炎や感染症を起こした結果、亡くなった方はその数にはカウントされていません。

私は、インフルエンザの怖さが実感としてあまり国民に認識されていないと思うのですが、コロナ以前のデータとして「インフルエンザに関連する死亡者数」は年間約1万人に達しています。さらに付け加えると、インフルエンザによって肺炎が悪化して死に至るケースが非常に多いのですが、「通常の肺炎」による死亡者数は毎年7万人を数えます。

もちろん前に述べたように、けっしてコロナの弊害を軽んじているわけではありません。肺機能へのダメージはインフルエンザよりもずっと深刻なことが多く、後遺症の種類の多さやその症状の重さはインフルエンザより多いとされています。

だからこそ、よく指摘されるように「正しく恐れる、正しく注意する」ことが重要であって、テレビのワイドショーが当時先導した付和雷同的な報道には首を傾げざるを得ないのです。

孤独から依存症にならないために

コロナ関連の報道で目に付いたのが自粛生活についてでした。「自粛警察」という恐ろしい名前まで飛び出し、まさに日本列島が自粛の2文字で埋め尽くされた感じさえしました。国や自治体の要請に従わずにアルコールを提供した居酒屋などがネット上で炎上し、脅迫文を店の扉に貼り付けられる店もありました。

こうした中、居酒屋やカラオケ店で酒類が提供されなかったことの「副作用」

ともいうべき事態が生じました。**それはアルコール依存症の増加です。**高齢者にかぎったことではありませんが、自粛を余儀なくされ散歩や買い物ができず在宅時間が多くなると必然的にストレスが増していきます。それを解消するために「家飲み」をする人が増え、酒量も比例するかのように増加しました。

依存症は独りのとき、孤独なときに起こりやすい症状です。

複数で楽しく会話しながら飲酒をしたり買い物をしたりする場合には、買い物依存症やアルコール依存症の症状は出ません。心理的に孤立しているときに、その反動のように過剰な行動をしてしまうのです。

アルコール依存症はまさに典型で、友人や仲間と飲んでいた人が、独りで飲んでいると自然に酒量が増加します。薬物依存にも共通することですが、独りの環境は歯止めがききにくいのです。

酒量が増えると、睡眠にも問題が生じます。深酒をした結果、そのまま眠っ

てしまう生活が続くと睡眠のリズムが乱れ不眠症に近い状態になります。

さらに、コロナ自粛によって外出の機会が減り、太陽光を浴びる時間が減ったことも睡眠に悪影響を及ぼしています。脳内にあるメラトニンという睡眠物質は、日光を浴びることによって生成が活発になるのですが、**在宅時間が長引けばメラトニンは分泌されにくくなり、睡眠障害を起こすリスクが高まるのです。**

眠れなくなったからと、また酒を飲む悪循環。この状態が続くとアルコール依存症は避けられません。

たとえば肝臓障害などによるアルコールが関連する死者数は年間約3万5000人に達すると推計されています。さらに胃や食道など他の臓器へのアルコールの悪影響は計り知れません。

アルコール依存症は自殺に至るケースも

自殺に関してもアルコールの影響は甚大です。「自殺者の23%はアルコール依存症だった」という調査結果も出ているほどで、毎年国内では5000〜6000人以上がアルコール依存によって自殺していると考えられています。病死と合わせると年間約5万人にも届くような数字になります。**単純に死者の数だけを比較すれば、アルコールの害はコロナの比ではないのです。**

アルコールの過剰摂取は身体のみならず、心にも大きな影を落としており、うつ病を招くリスクや認知症との関係性も明らかになりつつあります。

私自身、ワインが好きでアルコールの効用を否定するつもりはありません。「酒は百薬の長」が100％正しいとは思いませんが、上手に付き合えば、ストレスを軽減したり、幸福感を享受できたり、健康面でのメリットも少なくないはずです。

しかし、わが国の〝アルコール事情〟はやはりいびつです。

「東京オリンピック2020」でたくさんの外国人が来日しましたが、日本の文化・習慣で驚いていたことの一つが、コンビニで24時間アルコールが売られているという現実でした。国によっては酒類の自動販売機も珍しいのに、誰でも遅い時間まで利用できるコンビニで自由にアルコール類が入手できることは大きな驚きとして伝えられました。

このようなアルコールに甘い日本的な風土がアルコール依存症を増加させていることは間違いありません。コロナ禍で感染者数が爆発的に増加したとき、小池百合子東京都知事がコンビニでのアルコール販売を規制するかのような発言をしていましたが、まったく実現できなかった背景には、アルコールに甘い日本人的な体質があると思います。

アルコールの過剰摂取、つまり「大酒飲み」で連想されるのがロシアです。50度、60度、あるいはそれ以上の強いウオッカをぐいぐい飲む情景が浮かんできます。英オックスフォード大学などの発表によるとロシア人男性のうち55歳を迎える前に死亡する人が25％に上り、その多くは急性アルコール中毒、事故や暴力、急性虚血性心疾患などで直接的、間接的にアルコールが起因しています。

ロシアの平均寿命は65歳で先進主要国の中では最も短くなっています。日本よりも約20年も短いのですから、異常な感じもします。さすがに、ロシア政府も看過できなかったのか２００８年から酒類のＣＭ禁止、夜間の販売禁止、未成年への販売禁止といった施策を実施しています。

ひるがえってわが国はどうでしょうか。

アルコールの規制はほぼゼロに近い状態です。それどころか「湯水の如く」どころか「ビールの如く」酒類のテレビＣＭが大量に流されています。余談ですが、かつてタレントの所ジョージさんが大手のビールメーカー全社のＣＭに出ていたとテレビで話していました。

たしかに、いろいろなビールのＣＭで所さんの顔を見た記憶があります。それはビールのＣＭが多い一つの証左ですが、他の酒類のＣＭを加えれば、毎日膨大な量の酒のＣＭが流されていることがわかります。しかし、諸外国では飲酒シーンを含むＣＭは原則禁止です。

コロナによる自粛生活によって「家飲み」が増え、それは間違いなくアルコール依存症の増加につながっていくのですが、現状を警告するテレビ番組はほとんどありません。その理由はじつに簡単なことで、ＣＭを大量に提供してくれる大スポンサーに忖度し、アルコールのマイナスイメージになる番組は作れないのです。人の命より自分達の年収１５００万円維持の方が大切なのでしょう。

覚せい剤、コカインといった薬物中毒のプロパガンダでは「人間やめますか」的な強いメッセージが流されますが、アルコールの過剰摂取に対してはそこまで強い警告はなされていません。

しかし、**アルコールの怖さは薬物と変わらないレベルであり、自由に入手で**

きることを加えれば薬物以上の危険性を秘めています。

アルコール依存症の専門医の中には「毎日、酒を口にしたくなる人は、それだけでアルコール依存」という厳しい見方をする人もいます。実際、診断基準の上ではそういうことになります。重度のアルコール依存やアルコール中毒になってしまうと、精神科病院、専門病院での治療が必要になってきます。たとえ一時的に回復しても、一滴口にするだけで多くの人がリバウンドする極めて危険な一面もあります。

薬物と同じように過剰な飲酒は心身の病気だけではなく、人間関係も崩壊させます。たかが飲酒と侮ることなく、酒を楽しむことを肝に銘じなければなりません。**健康寿命を延ばしたければ、自分のお酒との付き合い方は節度ある範囲かどうか、点検してみましょう。**

4 自分の頭で考え足を使って80代に備える

日本人の同調圧力に流されない

コロナ禍によってさまざまな社会的現象が浮き彫りになりましたが、**私が最も強く感じたことは日本人が持つモラル、道徳に対する強い思い込みです。**

「コロナウイルスに感染しない、させない」が錦の御旗となり、それに反するような言動はネット上などでまさに袋叩きのような状況になりました。「同調圧力」という言葉が流行語大賞にノミネートされるのか、と思うくらい流布され、一部の人が「自由」や「文化」を叫んでも聞き入れてもらえる素地は見当たりませんでした。自分の意に沿わない人は徹底的に排除するような言動が目立っていたのです。**コロナの怖さはウイルスそのものよりも感染拡大によって人心を変えてしまうことにある、**といわれていましたが、それが現実になったのです。

しかし、モラルを基軸にした自分の思いとは相容れない意見を一方的に排除したり、少数意見に耳を傾けなかったりするのは、日本人が本来的に持っている性質なのではないかという思いも抱きました。つまり国民性です。

それは事件、事故で明らかに加害者に非があった場合、世論やマスコミがまるでリンチのように糾弾する事例にも現れています。さらに加害者の行為を非難する過程で、関連する状況が歪められて伝えられている事象も起きています。

そのいい例が、池袋駅の近くで起きた高齢ドライバーによる暴走事故です。それは母子が犠牲になった痛ましい交通事故です。しかし、この事故をきっかけに、高齢者ドライバーの交通事故や運転ミスがテレビなどで異様なほど多く取り上げられるようになりました。

「高速道路を乗用車が逆走。運転はまたも高齢者」

「スーパーの立体駐車場で車が落下。高齢者のペダル踏み間違え」

マスコミはこぞって高齢者ドライバーの危険運転を指摘し、その流れの中で「高齢者は免許証を自主的に返納しましょう」という機運を高めました。高齢者の家族にインタビューをしたテレビでは「私たちは免許証を返納して、と頼んでいます」というような画像が流れ、高齢ドライバーはますます肩身が狭くなっています。

私自身、日常的にハンドルを握るのですが、日々運転する身として「そんなに高齢者の事故は多いのだろうか」と疑問を抱くようになりました。そこで調べてみたところ、意外な事実が明らかになったのです。

数字のマジック。高齢者の事故率はけっして高くない

『犯罪白書』（法務省編・令和2年版）の「交通事故発生件数」によると、令和元年次の第一当事者（交通事故を起こした運転手のうち過失が重い者。過失が同程度の場合はケガの程度が軽い者）の年齢別分布は20～29歳が約6万4000件、40～49歳が約6万6000件に対し、75歳以上は半分近い約3万件に過ぎません。

65歳以上のドライバーの事故は年々増えていますが、そもそも高齢者人口そのものが増大しているわけですから、**事故率が人口の増加率を上回らなければ「高齢ドライバーの事故が増加している」とはならないはずです。**

それにもかかわらず、高齢者の運転は危険だ、というメッセージが刷り込まれ、日本全体が「高齢になったら免許を返納すべきだ」という大合唱になっています。これに呼応するように国は70歳以上のドライバーに対して、免許の更

新前に「高齢者講習」を義務付けるようになりました。交通事故を減らすための施策の一つ、ということからすれば理解できる面もありますが、「高齢者イジメ」とも捉えられかねません。

コロナ禍で外出が制限され、高齢者の「閉じこもり」が問題になりました。体を動かさないことによる身体の機能低下やストレス増による精神面の負荷など、外出できないことの弊害が多くの高齢者を悩ませています。その点、車があれば近所のスーパーなどでの買い物がしやすくなり、活動量の増加も期待できます。

交通インフラが整備されている都会はまだしも、地方の暮らしでは車の重要性は年齢とともに増します。高齢者マークを付けている車は、おしなべてゆっくり走行していて、交通ルールもきちんと守っています。**まずやるべきことは、声高に「免許返納」を叫ぶことではなく、ペダルの踏み間違えを予防する車の**

開発を進めてハード面から支援するなど、社会全体での取り組みです。それは高齢者に対する重要な福祉政策の一環でもあります。

実は2024年の10月アメリカ医学会雑誌に掲載された10万件以上の事故の調査によると、高齢者の車がクラッシュするような事故を起こしている人の8割が運転に支障が出る薬を服用していることが明らかになっています。ところが日本ではどのテレビ局も報じません。本当は薬害なのに歳のせいにされることに怒りを覚えます。

不安を煽るテレビの情報を鵜呑みにしない

日本人が自分の意に沿わない人を排除したがるのは、不安な気持ちの裏返しだと考えられます。コロナ禍が典型ですが、自分や家族がコロナに感染する不安から、感染につながりそうなさまざまな事象に対して、排除しようとする気持ちが働くのです。「災難が降りかかってくるのではないか」といつも不安にられている一面もあります。

これは一種の「予期不安」であり、不安のないことが不安になるという心理も見え隠れしています。

もう30年以上も前のことですが、富士山が大噴火するという予言がブームになり、関連の図書がベストセラーになったことがありました。

たぶん、購読した人の中で本当に富士山が爆発すると思っていた人はかぎられていたと思います。災害に備えておこうという気持ち以上に、噴火によるさまざまなパニックに興味があったのではないでしょうか。台風が接近すると近くの河川を見に行く人が絶えませんが、それと同じ心理です。不安な気持ちが刺激に変わっていくのです。

こういった複雑な感情を助長しているのがテレビの情報ワイド番組だと私は見ています。東京のいわゆるキー局は朝の同じ時間帯にほぼ同じニュースを流し続けています。コロナに関する報道がその典型でした。

報道の基本的なスタンスは「コロナは怖い」「コロナは危険だ」の連続で、それを補完するようなデータをグラフなどで紹介していました。そこで目にするのは「怖い」と「危険」をことさら表現するようなデータです。

たとえば、コロナが重症化すると肺炎になり、それは生命の大きな危機だ、というような論調をグラフで示し、毎度同じような顔ぶれのコメンテーターが怖さと危機をなぞります。

しかし、一般の医師はそもそも肺炎が怖い病気であることを十分に理解しており、「通常の肺炎」で毎年7〜8万人くらいの人が亡くなっていることも承知しています。そんな情報を番組内で喋ったりしたら、コロナへの恐怖心が薄まってしまうために誰もこのような事実を明らかにはしません。

こうした一方的な情報の氾濫によって視聴者はまるで情報の「刷り込み状態」

のようになり、不安な気持ちが増加していくのです。在京の民放キー局は5局のみ。一党独裁で報道の自由がないと目されている中国でさえ、30以上のチャンネルがあります。ケーブルテレビ網が発達しているアメリカでは画一的な情報という状態に、まず陥ることはありません。

不安な気持ちを起こさせるような番組を朝から観ていたら、知らず知らずのうちに不安な気持ちが心に堆積し、それが体や心に悪影響を及ぼします。イライラしたり、ピリピリしたり。それがストレスに変わり、病気の原因にもなりかねません。

50年、60年、70年、みなさんが自分で経験の中で得た独自の考えを大事にして、テレビの情報を鵜呑みにせずに自分で答えを出してほしいと思います。

「不安な気持ちとどう向き合うか」を忘れない

過度な不安を抱える患者さんに対して私が実践しているのは「不安な気持ち

と闘わず、折り合いをつける」というスタンスです。**不安な状態を取り除こうとしないで、その不安を抱えながらどのように生きていくかを一緒に考えるのです。

たとえば、老後に対する不安は誰もが抱えています。中には死への恐怖が不安に変わるケースもあります。老後や死について考えても不安は払拭できません。答えは導き出せず、悩みは深まるばかりです。**それよりも、どうしたら上手く生きられるか、楽しく生きられるかを考えていくと、おのずと不安な心は解消していきます。**

不安の背後には「こうしたい」「こうなりたい」という欲求や希望も存在します。高齢の患者さんの中には治すことを前提にして「足腰が弱っていて不安です」と訴えるケースがあります。こういう場合は「もし治らなかったとしたら、どのように生きるか」も考えてもらうようにしています。**そうすると、自分で一つずつ不安の芽を摘むようになり、結果として不安な心が縮小していくのです。

不安な気持ちを解消させるには、正しい知識といろいろな情報を入手することも重要になってきます。朝のテレビ番組のような一辺倒の情報ではなく、角度を変えた情報を得ることも大切なのです。たとえば認知症の患者さんを抱える家族に対して、

「85歳の人の約4割は認知症です」

と教えてあげれば、認知症の患者さんや家族の方を支える勇気になることがあります。自分たちだけではないことに気づき、不安な気持ちを払拭させてくれるのです。

生きることは不安の連続でもあります。**不安な気持ちをいたずらに取り除こうとしないで、不安とどう折り合って、どう生きるかを考えていただきたいと**

思います。

もうクヨクヨしない！　不安に対する「準備」が肝心

予期不安を持つ気持ちは強いのに、不安に対する準備ができていない……。これも多くの日本人の困った性質です。

「備えあれば憂い無し」といいますが「憂いばかりで備え無し」が日本の現状、といっても過言ではありません。

認知症予防にやっきになり「脳トレ」に熱心な人はたくさんいます。一時、「数独」というパズルゲームが爆発的に流行しましたが、認知症になりたくないという中高年の心理が大きく影響していたと考えられます。

体のケアに関しても同じような傾向があります。健診に積極的でサプリメントをはじめ栄養補助食品などの情報は詳しいのに、いったんがんを宣告されると、「いったい、どうしたらいいのでしょう」と狼狽し、自己を見失ってしまう人が少なくありません。

がんはすでに日本人の2人に1人が罹患する病気ですが、がんに罹ったことも知らない「知らぬが仏」の人を含めれば、私は一定以上長生きもすれば100%の人が罹る病気だと考えています。

極論すれば「誰もが認知症になり、誰もががんになる時代」なのです。それにもかかわらず、治療への準備はまったくできていません。**健診には熱心なのに、病気が判明したときに、どこの病院へ行ったらいいのか、まったく備えがないのです。**

ちなみに、私は心臓ドックと脳ドック以外の集団健診は受けていません。心筋梗塞などの心臓に関連するもの、脳出血やクモ膜下出血といった脳の周りの疾患は発症から死亡するまでの時間がきわめて短く、重篤な後遺症の可能性が高いので健診を受けています。それ以外は、胸部エックス線撮影などむしろ健康に被害を及ぼす可能性があるので積極的には受けていないのです。

病気や治療への準備ということでは、まず主治医（かかりつけ医）を決めておくことが求められます。しかし、医師とそういう関係を持っている人は少ないようで、コロナのワクチン接種の際、アンケート調査で「かかりつけ医がいる」人が半分にも達していませんでした。

かかりつけ医がいれば「薬は控えめにしたい」とか「治療よりもＱＯＬ（生活の質）を優先してほしい」といった治療に関する希望も伝えることができますが、大学病院、大病院出身の医者にはほとんどそんな医者はいません。

いわゆる町医者は臨床経験が豊富なはずです。しかし、患者一人ひとりへの健康や治療に対する日常的なアドバイスも的確なことはありありません。インターネットの時代になり、やはり自分で統計数字に当たる姿勢が大切です。今のパソコンに入力すれば解説してくれます。

もちろん、専門的な検査や治療が必要なときは大学病院などを紹介してくれますし、介護保険の意見書を書いてもらうためにも、かかりつけ医を見つけておくことはきわめて重要です。

かかりつけ医の選び方のポイント

どんな医師をかかりつけ医にしたらいいのか？

よくこういう質問を受けます。ネットの情報で医師の経歴を調べ、東大などのレベルの高い大学出身者が院長の病院を選ぶ、という人もいましたが、この手の情報はまったく役に立ちません。そもそも東大医学部の医者がすべて優秀どころか臨床の嫌いな人が多く（出身者の私がいうのですから間違いありません。もちろん優秀な医者はいますが……）、経歴だけで医師や病院を選ぶのはナンセンスです。

医師選びはたしかに難しいのですが、**私は待合室の環境がいい病院にはいい医師がいると考えています。**待合室の雰囲気が明るく、患者さんでにぎわっている病院では、おおむね医師が患者さんの声にきちんと耳を傾け、患者さんサイドに立った治療が行われています。
ただし、これはあくまでも私の個人的な見解であって、たとえ待合室の雰囲気がよくても医師との相性が悪い場合もあります。そういうときは躊躇《ちゅうちょ》せず、次の病院を探すことが賢明です。かかりつけ医とは長い付き合いが必要ですから、**自分で「この人に診てもらいたい」という医師に出会うまで「病院めぐり」をすることが大切です。**

かかりつけ医と同じように「かかりつけ薬局」も重要になってきます。医師の処方箋があれば、原則どの薬局でも同じ薬が提供されます。薬局によってはベテランの薬剤師さんが「お薬手帳」に記載されている薬を見て、他の市販薬との飲み合わせやサプリメントの使用などについてアドバイスしてくれます。**医師以上に薬に詳しい薬剤師さんもいますから、気軽に相談できる相手として「かかりつけ薬局」も決めておくことがおすすめです。**ただし、医者と違って薬局は薬を出すほど儲かるので、経営者がどんな人かは調べておく必要はあります。

老後への備えという点では介護も重要ですが、漠然と「老後は老人ホームに入ればいい」と考えている程度で、実際に料金やサービスなどを含めて老人ホームのことを調べている人もかぎられています。

自身や親を含めて、いざ「施設に入ろう」と思ってもほとんど情報を持っていないのが現状です。**第二の人生は長くなった、老後の時間も長くなった、だからこそ時間をかけて治療と介護の準備を怠らないようにしたいものです。**体験入居ができるところも増えていますので、是非利用して納得のいくところに入って下さい。

自分の人生をより快適にできるのは自分だけです。人任せにせず、自分で頭と体を使って若々しく、生き生きとした80代を迎える準備をしましょう。

第3章

備えれば憂いなし、「やりたいこと」に挑戦

上手に老いるための心と体の整え方

1 もうイライラしない！　感情を制することでセカンドライフは楽しくなる

「怒れる老人」は老化のせい？

コロナ禍で人々の生き方、暮らしも大きく変わりましたが、最も大きく変化したのは人の心ではないかと思います。**自粛生活が余儀なくされ、仕事面でもテレワークが進んだことによって他人と直に触れ合う機会が激減してしまいました。それは人とのコミュニケーションで得られる心の癒しの喪失、ストレスの増大、孤独感につながっています。**

そうした人心の荒廃が進んだ結果、それは犯罪を起こす一因にもなっていいます。電車内での乗客に対する無差別の刺傷事件、通院していたクリニック内で放火し、医療スタッフや患者を多数死亡させる事件もありました。最近では普通の人が闇バイトに手を出し凶悪犯罪を行っています。マスコミが大きく取り上げた事件以外にも街中での暴力沙汰、車のあおり運転など荒んだ心が招く事件は後を絶ちません。

事件、トラブルに共通しているのは貧困問題を攻撃する側の抑えられない怒りの気持ちです。仕事上の不満や対人関係の悩みなどを自身でコントロールできなくなると、怒りの気持ちが増幅し、あるとき一気に爆発し犯罪につながります。

大爆発には至らない「小爆発」は日常的な出来事になりつつあります。店先や市役所などの窓口で一方的にクレームをつけ、怒りの気持ちを爆発させる人も多く、いつからか「クレーマー」という呼び名も定着しています。

特にクレーマーに高齢者が多いといわれることには「脳の老化」が関与して

います。

怒りを含む人間の感情は脳の前頭葉によって抑制されていることがわかっています。前頭葉がきちんと働いていれば少し「頭に来る」ことが起こっても、自制できるような仕組みになっているのです。ところが他の臓器と同じように加齢によって前頭葉の機能も低下してきます。脳の老化が進んでいるわけです。

残念なことに「怒れる老人」とレッテルを貼られ、電車内、病院の待合室、レストラン内などで怒りを爆発させる高齢者がマスコミを賑わせています。少し冷静になれば大声を出すようなことではなかったのに、他人の些細な言動に突発的に怒りを覚え、自己を見失い暴言を吐いたりするのです。

しかし、高齢者のみなさんも「私が怒るのは老化のせいだからしかたない」と思わないでいただきたいです。キレやすい若者、中高年も増えているといわれています。**思考の転換、ストレスの軽減で「上機嫌な暮らし」はいくつになっ**

ても手に入れられるのです。

怒らない気持ちをどうやって育てるか

1 怒りを日常化しない

さらに始末が悪いのは、こういった怒りの感情が日常化してしまうことです。高齢の婦人の中に「うちのお父さんは怒ってばかりいる」とこぼす人がいます。特に定年退職後、うちにずっといて家事になにかと口をはさむようになり、極端なケースでは「水道代が高い」と怒り、水の使い方まで文句をいうケースもあるようです。

こうなってしまったら家庭はもはや憩いの場になりえません。怒っている側は無自覚かもしれませんが、怒られる側はまるで針のむしろ。年がら年中、怒っている人がいたら幸せな家庭など望むべくもありません。

怒りの気持ちがますます増幅されると暴力につながります。最悪の場合、DV

（ドメスティックバイオレンス）になり、離婚沙汰になります。

怒る人の特徴の一つに「矛先が弱者に向かう」傾向があります。

コンビニのアルバイト、市役所の受付嬢、病院の看護師など、相手が口答えをしそうもない相手に対してさらに高飛車になり、怒りの気持ちに火を注ぎます。

高じて手を出したりしたら「暴走老人」と非難され、厳しい目を注がれることによって地域社会の中で暮らしにくくなるのは自明のことです。

前頭葉の萎縮が怒りを収めにくい気持ちを作るのですから、怒りっぽくなったと自覚したら、これも老化現象と自分を納得させることはできます。そして、足腰が衰えてきたら、散歩をして運動機能を劣化させないように、**怒りのブレーキの利きを自分でコントロールする練習を重ねて、少なくとも「爆発させない」ことを心がけるべきです。**

2 イラッとしたら数秒我慢

怒らないヒントを説く本が数多く出版されていますが、何よりも大切なのは一歩、踏みとどまることです。

「6秒ルール」のように怒りの気持ちを数秒間、中断させ、いったん冷静な自分を取り戻すのです。

その上で「怒りの気持ちが我慢できないほどのことなのか」「大きなトラブルに発展しても後悔しないか」を深呼吸しながら、考えてみましょう。どんなことでも「取るに足らないこと」と思えるように心を整えておくことが肝心です。

3 体の不調が怒りの原因の場合がある

怒りの感情を起こしやすい、あるいはそれを抑えられない人が増えているわけですが、その裏には「体の不調」が潜んでいる場合があります。朝起きて「今日も体調がいい。絶好調だ」と思えれば気分も爽快。体の不調が引き金になる怒りの感情はある程度コントロールできます。

反対に「いつものように頭が重い」「腰が痛い」状態で目覚めたらハッピーな一日になりません。気分はイライラし、買い物に出かけ店員から不愉快な応対をされたら人目もはばからずに激高してしまう可能性が高まります。

「健全な精神は健全な身体に宿る」といわれますが、逆もまた真なり。体調がよければ気持ちも軽やかになり、怒りを爆発させる一歩手前で自分をコントロールできるようになります。ところがコロナ禍が長引いたことによって体の不調を訴える人が多くなり、それと同時に「キレやすい」人も増えています。

長引くコロナ禍によって体調を崩し、それが心にも悪影響を及ぼしました。最も顕著なのが自粛要請による引きこもり状態です。

「お上」の声に従順な日本人は「自宅からなるべく出ない」という政府の要請に従い、外出の機会は激減。高齢者のファンが多いスナックの「昼カラオケ」は自粛を決め、大半の店は営業を停止するようになりました。また散歩をする機会も減少し、高齢者はひたすら家に引きこもるようになったのです。

④ 体調の気遣いし過ぎが心の不調につながることも

ワクチン接種後に高齢者がテレビのインタビューで「少し歩いただけで疲れる」「階段が前より苦痛になった」と答えていましたが、**数年先、体のみならず心の不調を訴え、要介護になる高齢者が増えることも予想されます。**

キレやすい人が特に高齢者に増えている一因には、このようにコロナ禍が大きく影響しているのですが、そもそも高齢者は時間がたっぷりあるために、体調をあまりにも気にし過ぎる面もあります。

これは高齢者にかぎったことではないのですが、日本人は自分の体調にセンシティブ（敏感）な傾向があります。たとえば「ムチ打ち症」は日本人にしかない症状だといわれています。交通事故後に検査をして頸椎や脊髄に異常がないのに違和感を訴えるケースが少なくありません。少なくとも欧米ではめったに見られない状況で、首にコルセットを巻いているのは日本独特の光景です。

体調が悪いことばかり気にしていると、気が滅入るという悪循環をもたらすために、これから心の不調はさらに悪くなるのかもしれません。

5 「ポックリ死ねる」最高の方策

患者さんに対してバイアスのかかった見方がされるのは避けるべきですが、地下鉄サリン事件や阪神・淡路大震災でPTSD（心的外傷後ストレス障害）の問題が報道されるようになった後で、その患者さんが大幅に増えた事実もあります。

もし、深刻な事件や事故が心的ストレスに大きく影響するとしたら、悲惨な戦争はもっと大きな事態を招いていたはずです。けれども、第二次大戦後、帰還した日本兵の中に深刻な精神状態に陥った人は非常にかぎられていたと思います。

もちろん、だからといって現状でさまざまな不具合を訴える人の思いを否定するわけではありません。

ただし、体調が悪いからといって何らかの病名をレッテルのように付けてしまうのは、かえって不健康なような気がします。最近では「新型うつ」なる名称も一般化しているようですが、少なくともアメリカではそんな病名は使いません。まるで造語のように「○○症候群」も増えていますが、そのほとんどは病気とはいえないものばかりです。

マスコミがあおり立て、この症状は「○○症候群」かもしれないと報道すると、自分もそうなのかと信じ込んでしまう人もいます。それで病院に通い、さらには原因がわからず（こういうケースでは正確な病名はつけられません）ドクターショッピングで何箇所も病院巡りをすることになります。

患者さんによく「どうしたらポックリ死ねますか？」と尋ねられます。

ある日、気づいたら、死んでいた。こんな幸せな終末はありません。私もそう願いたいのですが、その質問には**「なるべく病院に行かないこと。検査も受けないこと」**と答えています。**あまり自身の体調に神経質にならず、心も体も解放して活動することが最高の養生だと私は思います。**

2 備えあれば憂いなし。準備・対策をする

身近な人の死で考える「後悔しない生き方」

一連のコロナの騒ぎによって、これまで以上に「命」と「死」を考える機会が増えたと思います。私自身、東京などの大都市で医療体制がほぼ崩壊する中で、命よりも大切なものは何か、というようなことを考えました。数年前に亡くなった父親を思い出しながら、さまざまなことが頭をよぎったのです。

父は約7カ月、人工呼吸器につながれていました。このとき、「意識がなくなった時点で『もう、いいね』と早く言ってあげればよかった」。そんな思いがあります。人間として死ぬ運命は受け入れなければならない、

という思いです。

ただし、尊厳死を認めるということではなく、私は反尊厳死の立場をとっています。

私自身は「寝たきりや認知症になっているのに生きたくない」とは思いません。人間は「生きていたいもの」が考え方の基本にあるからです。

一方で、寝たきりの状態ではないのに、好きなところに行けなかったり、人と会えなかったりするのは納得がいきません。

私は浴風会病院という高齢者専門の総合病院にあしかけ10年間、勤務していたのですが、コロナ禍で生前にお墓を買う人が増えた印象があります。自分の葬儀のプランを専門の業者に相談する人もいます。**終末期に延命治療を受けるか否か、真剣に考える高齢者も増えているのではないでしょうか。**

その一方で、50代くらいの現役世代は「老後はまだ他人事」と考えがちです。

介護福祉施設を見学している人もかぎられていて、いざとなったら、「誰かに頼めばいい」と安易に考えている人が多いのかもしれません。

日本の介護施設の質はまさに「ピンキリ」です。**入居金や月々の支払いが高額な施設は設備や食事などの内容は「一級品」ですが、最も大切な介護の質となると料金に見合わない場合もあります。**

特に施設の経営者や運営団体が経営優先の場合、優秀な介護師などのスタッフが定着しないことが多く、肝心の介護の質が低下してしまうのです。**一番大事なのはスタッフの質で、スタッフの質がよい施設の入居者は機嫌よく暮らしているのでわかります。**

一般的に都心の施設の料金は比較的割高なのに対して、地方にはリーズナブルな料金で質の良い介護サービスを受けられる施設がたくさんあります。その意味でもある一定の年齢に達したら、介護施設の見学はぜひ実行すべきです。

認知症になっても安心な対策をしておく

日本の福祉サービスは世界的に見てそう劣るわけではありませんが、自治体が積極的に介護サービスの内容をアピールすることはかぎられています。せいぜい役所内に置かれているパンフレットに書かれている程度です。

たとえば、都内では財政的に比較的恵まれている新宿区の介護サービスは手厚い、と見る介護従事者は少なくありません。たしかに自治体によって福祉サービスの内容は異なるのですから、情報収集は重要になってきます。

入居者がボケてしまうと厄介な問題が起こります。元気なころ「10年たったら老人ホームに入る」と公言していた親が認知症になったとき、「ボケた人の意志」としてそれが認められないケースもあるのです。

こういう場合に備えて「成年後見制度」があります。相続の問題などで、意

思能力の低い当人に代わって子どもや配偶者が意思の代行をするのですが、介護に関してもこの制度が利用できます。

たとえば、両親が認知症になったときでも、医師が意思能力のないことの診断書や鑑定書などを提出し、裁判所がこれを認めれば財産に関することがらも後見人が代わりに管理できるようになっています。こういうことを知っておくことも、自分や家族の老後にとって重要なのです。

ただし、子どもが勝手にその申請をして、自分の意志を無視できるようにされてしまうこともあるので、元気なうちに任意後見を利用することを私はお勧めします。

85歳を過ぎたら誰もが体中のどこかにがんを持ち、認知症の脳の変化が起こります。80歳を過ぎたら「認知症の人」か「これから認知症になる人」の2種類しかいないのです。それはほぼ逃れようのない現実で、その上で自分の人生をどれだけ充実させることができるかを考えるべきだと思います。

生物にとって死は平等であり必然です。ゆえにあれこれ悩まず、亡くなる前にできる準備を心がけたいものです。

70歳からは「友達の数」より「知り合いの数」が大切

「年をとると人間関係も狭くなるね。友達も減ってくる」

日本中の高齢者がこんな会話をしています。特に日本人男性は地域のコミュニティとの関係が希薄なため、定年退職すると、付き合う人の数が一気に萎《しぼ》んでしまうことが多くなります。

職場や仕事関係の知人、友人が多いということなのでしょう。60代前後の人で幼馴染や学生時代の友人との付き合いが続いているのはかぎられています。

しかし、友達が多いから幸せとはかぎりません。歌にもあるように友達の数が気になるのは小学生くらいまで。高齢になれば必然的に交友関係は狭まってくるのですから、友達は量より質が大切になってきます。

具体的に友達の数は3、4人でいいと思います。

それは、失業したとか会社が倒産しても付き合いが自然に続く関係です。年に数回しか連絡をしなくても、こいつは仲がいいと思える人とは関係が長続きします。そういう存在はせいぜい3、4人ではないでしょうか。無理やり数を増やしてもいいことはありません。

ただし、「知り合いの数」は増やすべきです。私のちょっとした自慢は、「年をとってからのほうが、知り合いである人数が増えている」ことです。

私はもともと「人嫌い」です。

それが今ではこれまでに会っていないような人と出会い、知らなかった話を聞くのが大好きになりました。特異な経験をした人の話はとても興味深く、わくわくした気持ちになりますが、一見、普通の人生を歩んできたような人の話でも、聞いてみると「おや！」と思うことが少なくないのです。

知らなかった世界の話や意外な情報に触れることができるのは、私にとって望外な喜びでもあります。映画を製作する人間でもあるので、聞いた話が映画の企画づくりのアイデアになることもあります。

知らなかった情報は、いまでは簡単にネットで見聞きすることができます。ユーチューブなどを利用すれば関連する情報の動画も見ることができます。

しかし、ネットや活字媒体で得られる間接的な情報と、生身の人間から伝わってくる情報ではわくわく感がまったく異なります。その情報に刺激を受け、関係する事柄を調べたくなることも多く、知的探究心が増してくるのです。

「知り合いづくり」の極意

知り合いから聞いた面白い話は、「話したくなる」欲求にもかられます。友達は3、4人でいいと言いましたが、頻繁に会っていたら話す内容はだいたい同じになってきます。それも意味あるマンネリなのかもしれませんが、ときにはネットにも載っていないような話をすれば、会話も弾みます。

話を聞いた友達が、その話を違う人に聞かせられる、という「二次使用」の効果もあります。

知り合いの数を増やすためには、新しいことにチャレンジするのが最も手っ取り早い方法です。いつもと同じ生活をしていたら新たな知り合いはできません。趣味や新しい仕事を見つけることも大切ですが、そこで親しい人間関係を作るために一歩踏み出すことが重要になってきます。

たとえば、日曜大工に目覚め、ホームセンターに行くとしましょう。木材や工具の知識がなければ店の人にあれこれ尋ねます。最近のホームセンターには専門知識が豊富なスタッフが揃っているので、大半のことは親切に教えてくれます。

そこで「知り合い獲得」の作戦を実行するのです。簡単な質問だけではなく、さまざまな角度から質問を用意し、スタッフと仲良くなるようにするのです。もし、周りに世話好きの人がいて、会話に入ってくればその人もスタッフ以上の「知り合い」になるかもしれません。

知り合いの長所は、友達ほど人間関係が濃くないことです。

道やお店で会ったときに挨拶をする、立ち話をする。それだけの関係でもいい、気楽な存在です。最近、スマホ内の電話やラインのデータをどの時点でリセットするか、悩む人が多いという話を聞きました。たしかに、疎遠になっている友達でも「いつかは」と思うと簡単にはデータを消しづらくなり、アドレスなどは増える一方になります。

その点、知り合いは必要がなくなれば簡単に付き合いをストップできます。

しかし、本当に困ったときには、近所の「知り合い」に相談すれば手を貸してくれるでしょう。「いいとこどり」の人間関係を増やせば、友達は少なくても楽しい人間関係を構築できるはずです。

そして、一人で過ごすことにも馴れていきましょう。読書、料理など、一人の時間でしか得られない楽しみもあります。

記憶力低下より注目すべきは感情の老化

「減る記憶　それでも増える　パスワード」

以前、『第一生命サラリーマン川柳コンクール』で選出された一句です。低下する記憶力と、それに反比例するように増え続けるパスワードを覚え切れない高齢者の悲哀がクスクス笑いとともに巧みに伝わってきます。

加齢とともに記憶力は必ず落ちてきます。細胞や筋肉が老化するように脳の機能も衰え、記憶力が低下するのは当然のことです。私は長年、多くの高齢者を診察し、その結果、貴重な知見と言えるものを得ています。**そこで知りえたことの一つは、脳の中で最も早く老化するのは前頭葉だということでした。**

気持ちが老ける、精神が病む、心が折れる、というような言い方をしますが、気持ちも精神も心も意味はほぼ同じで、その存在や区別は曖昧です。たとえば「やる気を出す」と自分で覚悟しても、それは気持ちから出るのか、それとも精神か心か判然としません。

ただし、医学的には感情や意思を司るのは大脳の前頭葉という部分だということがわかってきています。

大脳は海馬、前頭葉、頭頂葉、後頭葉などによって構成されていて、前頭葉は感情やさまざまな行為をコントロールする機能があり、考える、話す、計画を立てるといった知的レベルの活動を司っています。頭頂葉は空間や数字を認識する機能があり、記憶は海馬が司っています。

したがって脳の老化は記憶を司る海馬の衰えが最初、と考えがちですが、じつは違うのです。記憶が曖昧になる高齢者も海馬が最初に萎縮するのではなくて、前頭葉が先に萎縮してきます。つまり、**物忘れや記憶力の低下よりも、感情の老化のほうが先に起きているのです。**

脳の中で最も早く老化する前頭葉は、早い人だと40代くらいでその〝萌芽〟が表われてきます。「若年寄」という言葉は江戸時代の幕府の要職を指しますが、それ以外に「若いのに年寄りじみている言動をする人」という意味もあります。はたから見て若年寄に見えるのは、前頭葉が早く老化し、意欲や行動が低下しているのが原因かもしれません。

この〝若年寄現象〟がエスカレートすると、些細なことで怒る、自分から進んで物事を決めない、身だしなみに気を使わなくなる、といった状態を招きます。何をするにも「めんどくさい」と思うようになり、生活がすさんできます。

昨今、問題になっている「ゴミ屋敷」も、もしかしたら主は前頭葉の激しい機能低下によって、生きることのすべてに後ろ向きになっているのかもしれません。

俳優の名前が思い出せない程度の記憶力の低下は、生きることへの意欲を失うよりよっぽど〝軽症〟といえます。ただし、認知症特有の記憶力の低下もあるのですから、よくいわれるように「朝ごはんの内容をすっかり忘れている」レベルになったら認知症の始まりかもしれないと覚悟してもいいでしょう。

日常の中で「忘れる」「思い出せない」ことに神経質になることはありません。

そもそも記憶とはかなりぼんやりした存在で、たとえば集中せず、適当に時間を費やしたことはほとんど覚えていません。ボーッとして授業を受けても、何を勉強したか記憶に残らないのです。

授業内容を後で思い出そうとしても、まず甦ってきません。逆に集中して聞いた授業や人の話は、何かのきっかけで突然思い出すことがあります。

たぶん人間の脳は楽しいことはもちろん、辛いことや悲しいことであっても、そのときに努力したり、頑張ったりしたことは記憶が甦ってくるのです。それはときに記憶の中で美化され、心地よい思い出になります。

受験勉強で得た知識は、大人になっても忘れずに記憶に残っている、という人が少なくありません。それは必死で頑張って覚えたからこそ脳に刻み込まれ、記憶として残り続けているのです。

思い出さないことは他愛もないこと、と考えれば記憶力の低下などあまり気にならなくなります。それよりずっと意欲の低下のほうが要注意です。

③ セカンドライフでは「やりたいこと」に挑戦

自分がいま、「やりたいこと」は何か

「人生１００年時代」といったコピーがすっかり定着しつつあります。

誰もが１００年生きられるわけではありませんが、日本人の平均寿命は男女とも80歳を超え、90歳くらいまで生きる人は珍しくなくなっています。70代前半で他界すると「まだ若いのに」といわれるくらい長寿の時代です。

当然、「第二の人生」も長くなっています。

企業の定年は60～65歳程度で、余生は30年近くにもなります。60歳で定年退職を迎え、以後30年以上、ずっと年金暮らしをする人は大勢います。改めて実

感することですが**「人生は長い、余生はもっと長い」**のです。

定年を迎えると多くの人は「やりたいことをやろう」と考えます。何十年もストレスを抱えていたサラリーマン時代から解放されたとき、好きなことを始めたいと思うのは当然です。

夫を支えた妻の側もリセットの季節を迎えます。

「残りの人生をこの人と一緒に過ごしてよいのだろうか」と自分に問い直すのもよいでしょう。問い直した答えが「ＮＯ」なら離婚がそんなに悪いことと私は思いません。

夫の定年を機に新たな趣味などに挑戦する人が多いと思います。もっともこれからは定年退職する女性も増えるかもしれませんが。

私にとっての映画製作はまさに最高ランクの「やりたいこと」です。

もともと、高校時代には映画監督になりたいと真剣に考えていました。しかし、映画産業が斜陽の時期を迎えていました。私が大学を受験するころには、松竹、東宝、東映、日活の大手映画会社はすべて、助監督の採用をやめていました。

仕方なく、その資金を稼ぐために医学部を目指したわけですが、映画監督の夢は消えることはありませんでした。「いつかは映画を撮りたい」と願っていたからこそ、医師としての仕事に励み、大学教授や文筆業を続けてきたのです。

私はこれまで劇場公開用映画を5本監督しました。セカンドライフのステージではありませんでしたが、その「やりたいこと」を実現できたのでした。もちろんまだ続けていくつもりです。いわば「リバーシブル」な生き方をしてきたとも言えます。

「やりたいこと」は大きく2種類に分かれます。それは趣味的なことと実利を伴うこと。つまり仕事です。

趣味に関しては文字通り「やりたいこと」を続ければ精神的な充足感が得られるはずです。

まったく畑違いのことにチャレンジすることがストレスになったり、趣味を通じて知り合った人との関係で悩んだりしたりすることがあるはずですが、それにも増して新しい世界、それも好きな世界に飛び込めることは大きな喜びです。

しかし、仕事となると話は変わってきます。

場合によっては老後のために貯めておいた資金を減らすこともあり得ます。高齢になってからの挫折経験は心身に与えるダメージが大きく、セカンドライフに大きな影を落としかねません。

若いときなら「もう一度、頑張ろう」と自分を奮い立たせることが比較的易しいのですが、年をとるとどうしても「これまでかな」と諦めてしまいがちです。

それを避けるために、自分の「アピールポイント」を冷静に自己判断することが必要になってきます。**高齢になっても「やりたいこと」を持ち続けることは大切なことですが、同時に「やれること」を見極めることが重要なのです。**

「やりたいこと」と「やれること」を冷静に見極める

「やりたいこと」と「やれること」を混同してしまうケースが少なくありません。やりたいがゆえに、苦手なことや無理なことでもできると錯覚しがちなのです。

私自身、自分をフラットに分析すると、けっして社交的なタイプではありません。

意外に思われるかもしれませんが、人付き合いはどちらかというと苦手なタイプです。それでも多くのスタッフや出演者と一緒に映画を撮っています。医師として他の医療スタッフや患者さんたちとのコミュニケーションも必要です。

これらの人付き合いをなんとかこなしているのは、経験の賜物かもしれません。仕事を通じて人付き合いに関するさまざまなスキルを得られたような気がします。ただし、人付き合いが苦手なことは自覚しているので、仕事上の人間関係において必要以上に深入りすることは避けています。

平たく言えば、どろどろした仕事の人間関係に首を突っ込んだりはしません。できないことを無理やりしてもうまくいきません。**貴重なセカンドライフなのですから、できることだけに徹することが大切なのです。完璧を目指さず、やれる範囲で楽しくやればよいのです。**

高齢者のメリットの一つはそこにあります。

子どもがまだ小さく、働き盛りの年代であれば家庭を守るために嫌な仕事でも続けなければなりませんでした。営業に向いていないと自分では思っていても、辞令が出れば断れないのが会社勤めです。

しかし、子どもの手も離れた高齢者ならば、自分の好きなようにセカンドライフでの仕事選びができます。小説家になりたいのなら、アルバイトと年金くらいで夢を追えるはずです。セカンドライフで「やりたい仕事」にチャレンジするハードルはけっして高くありません。**「やりたいこと」と「やれること」をしっかり見つめることが大切なのです。**

「やりたいこと」が脳の老化スピードを減速

1 足も脳も使い続けることが劣化予防に

「なぜ、平らな道路でつまずいてしまうのか？」

若い人は高齢者のそんな悩みは理解できないでしょう。たぶん身体の構造から見ても平地でつまずく可能性はかぎりなくゼロに近いと考えてしまうでしょう。

ところがです。

年々、齢を重ねてくるとこの「平地つまずき現象」（という名称があればですが）が理解できるようになってきます。

少しの段差はもちろん、わずかな勾配がついているような道路で足を引っ掛けてしまうことが起きるようになります。それが何回か重なると、そのうち平らな道路でもつまずきかねない衰えを実感するのです。

つまずいても、すぐに起き上がれる足腰なら心配は無用です。

しかし、転倒して捻挫したり骨折したりすると、それがきっかけでQOL（生活の質）が低下し、最悪の場合は寝たきりの状態に陥ってしまいます。足腰が衰えるように脳も着実に衰えてきます。物忘れがひどくなる、物覚えが悪くなる、考えることが億劫になる、症状はさまざまですが、それは加齢による当然の結果です。視力や聴力、全般的な体力が低下するように脳のパフォーマンスが低下してくるのは抗えないことです。

ただし、**老化のスピードは遅らせることができます。また、脳は他の器官や**

臓器と比べて老化を予防できる可能性が高いのも特徴の一つです。

たとえば90歳を超えて若い人のようにスイスイと歩ける人はきわめて少数です。ところが90歳くらいでも、脳の働きがあまり衰えていない人はそれほど珍しくはありません。中には若い人よりも新しい情報に詳しく、思考も柔軟な人さえいます。

アルツハイマー型認知症のような脳の病気にかかっている場合は別ですが、**脳が健康な状態なのに記憶力や思考力が極端に低下しまう原因は、「頭を使わない」ことにあります。歩かなければ足腰が衰えるように、脳も使わなければ機能は低下します。刺激を与えなければ、老化を避けることはできないのです。**

視力が低下したらメガネをかけます。聴力減衰には補聴器があります。足腰を鍛えるためにはランニングマシーンなどの健康器具があります。もちろん、散歩やジョギングでも足腰の筋力低下は予防できます。

脳も同様に何らかのツールや手段を用いれば経年劣化は予防できます。では、脳はどうしたらいいのでしょうか。

② 楽しい勉強が脳に刺激を与える

脳に刺激を与える三要素は「できる」「面白い」「楽しい」です。この3つを脳が体験することで、脳は若々しさを維持できます。多くの人がスマホやパソコンなどでゲームをしている背景には、この3つがあります。面白くて楽しいことができれば、脳は夢中になるのです。

ゲーム以上に、脳に刺激を与えるものが勉強です。

「勉強が？」と疑問に思う人がいるかと思いますが、勉強を始めてみると、楽しくなり、学ぶことが面白くなってきます。老後のライフワークにこんなうってつけのものはありません。

もちろん、興味のないことを勉強しても長続きしません。自分が学びたいことで、しかも誰かに「やらされない」ことがポイントになってきます。

私自身、大学卒業後、精神科の研修を始めたのですが、選んだ道なのに苦痛の連続でした。精神科医へのステップでは難解で哲学的な精神病理学といわれる学問の本を読まないといけなかったからです。ところが当時の私はそれらにまったく興味がありませんでした。

特に東大での研修では精神障がい者の解放運動といった政治運動も盛んでそれに参加しないといけなかったのです。当時の私にとっては、面白い、楽しいとは無縁の分野だったのです。

その後、紆余曲折はあったものの、精神科の研修を続けていたのですが、慶應義塾大学主催の精神分析セミナーで学んだことが大きな転機になりました。

ここで講師役を務めていた故・小此木啓吾氏や北山修氏によって、私の考えは大きく変わったのです。

難解と思っていた精神分析をかなりわかりやすく解説してくれて、回を追うごとに素直に理解することができるようになりました。実感として自分の「頭がよくなった」と感じられました。基礎を学べた私は、その後、面白いように知識が得られるようになり、やがてそれが大きな楽しみになったのです。

学ぶことの楽しさ、理解できたことの面白さには、ゲームでは得られない醍醐味があります。一生、学べることを見つけるのは人生の大きな財産になるはずです。

自分だけの新しいカリキュラムを見つけてみましょう。

「勉強」といっても机に向かって本を読むようなものでなくてもよいのです。陶芸でも、カラオケでもかまいません。どうしたら上達するのか、どうして失敗したのかを考え、上手にできるようになり、楽しく、充実感を味わう。もっと上を目指したくなり、工夫をしてみる。そうしたことで、脳は刺激されるのです。

「人生は失敗の連続」だと受け入れてしまえばいい

人生「つい」「うっかり」で棒に振ってしまうことがあります。それなのに、たとえば警察やメディアが何度も警告を重ねても「つい」騙されてしまう振り込み詐欺は相変わらずなくなりません。「うっかり」ではすまされないはずですが、老後に備えた虎の子の資金を失くしてしまう高齢者が後を絶ちません。飲酒運転やあおり運転も毎日のようにニュースになっています。「自分だけは大丈夫」と思っていても、ある日突然、人生の大きな失敗に見舞われてしまう危険性はけっして少なくないのです。

ただし、人生にミスはつきもの。生きることは失敗や間違いの連続、と言えなくもありません。作家の五木寛之さんも『日刊ゲンダイ』の連載コラムで次のように書いています。

「以前、自分のこれまでの生活の中で、成功したケースと失敗した例をノートに書いてみたことがあった。7対3くらいの割り合いで失敗例のほうが多かった。7対3なら、まだいいほうかもしれない。実際には9対1くらいの割り合いで失敗例が記憶によみがえってくる」

失敗の代表例は思い違いや記憶違いが起因することや、言い間違いなどでしょう。以前、コピーライターの糸井重里さんも『言いまつがい』という本を出していました。そこでは数え切れないほどの言い間違い例が紹介されていて、続編も出ていたはずです。数冊の本になりうるくらい世の中は言い間違いで溢れている、ということなのでしょう。

以前、松坂大輔投手がメジャーリーグのボストン・レッドソックスに移籍した際、女性アナウンサーが番組中に「レッドセックス」と言い間違える大失態がありましたが、このような逸話は枚挙にいとまがないほどあるのです。年齢を重ねれば記憶違いや思い違いによるミスは増えてきます。それは当たり前の現象なのですが、失敗や間違いをことさらネガティブにとらえてしまう人が少なくありません。

しかも、マイナス思考をすると、自嘲的な言い訳を考えます。「つまらない間違いが多くなった。年のせいだな」

中には過去の失敗例を思い出して落ち込んでしまう人もいるかもしれません。「あのとき、ああしていれば」といった後悔、自分を責めるような気分になることもあるかもしれません。

高齢になってから過去の出来事を思い出し、思い悩むことは精神衛生上「百害あって一利なし」です。 自責の念はさらに大きく膨らみ、前向きに生きていこうという意欲をひどく損なうことにもなりかねません。

そこそこ上手くやっている自分を誉めよう

人は「誉められて育つ」と言われますが、これは若い人にかぎったことではありません。高齢者もまた日常生活の中で誉められたり、肯定されたりする中で自己の精神を上手く保てる面があります。しかし、人間関係が狭まってくると他人に認められたり、誉められたりする機会はかなり減ってきます。

そんな中で最も自分を誉めてくれる存在は自分であることを忘れてはなりません。

自分を最も冷静に分析できるのは自分自身ですが、最大の理解者もまた自分自身であるのです。その自分が自己の失敗や間違いにとらわれていると、自分を全否定し、暗い人生を送ることになりかねません。

それにならい方策は自分のミスや間違いにとらわれず、楽観的な気持ちで生きることです。五木さんはさらに続けます。

「私はどちらかといえば、物事を楽観的に見るタイプだ。この楽観的というのは、一般にいう楽観的とはちがう。**物事はすべてうまく行かない、と最初から諦めてかかっているために、失敗してもともと、成功すれば希有の幸運と考える習慣がついているのだ。**

世の中、そんなにうまくいくもんじゃない、と、最初から悲観しているので、失敗しても余りこたえないのである」

まさに至言、ではないでしょうか。

ともすると、極端な減点主義、マイナス思考に陥りがちな70代、80代は勇気づけられる言葉だと感じます。

お生まれは1932年。若いころから健筆をふるい続け、いまなお多くの世代を超えた読者の支持、共感を得つづけている五木さんならでは、としか言いようがありません。

第4章

人生100年時代　幸せに生きるために

「あんな風に年を重ねたい」と思われる人になる

1

「話を聞きたがられる人」になる

島地勝彦さんに学ぶ、人を魅了する会話術

前の章で「人生のピークは高年になればなるほどいい」という話をしましたが、それにつけても「年のとり方はつくづく難しい」と感じる方も多いのではないでしょうか。

とにかく「晩節を汚す」は避けたいもの。しかし、そうなりがちなのが世の常で記憶に新しいところでは、舌禍によってオリンピックの開会式に出席できない元首相もいました。

高齢になって、自他共に「幸せ」を実感できる人は稀有なのかもしれません。私自身、現在の自分が本当に「幸せ」か否かは判断がつきかねるのですが、「この人は幸せそうだった」と思える人が一人います。

私はお話ししたように東大在学中、縁あって集英社の『週刊プレイボーイ』でフリーランスの記者のアルバイトをしていました。医学関連や大学生に関するネタを取材し、原稿を書いていたのですが、当時の編集長・島地勝彦さんはじつに魅力的な人でした。「『週刊プレイボーイ』を100万部にした男」と評された仕事ぶりにも魅了されましたが、**思わず耳を傾けたくなるような話をしばしばしてくれる方でした。**

集英社の役員、子会社の集英社インターナショナルの社長などを歴任した後自らを「バーマン」と称し、新宿伊勢丹のバーのマスターを任されたりしました。現在は西麻布で「サロン ド シマジ」のマスターをされています。

バーの最大の〝売り〟は会話が楽しめること。インテリアと音のセンスのいい空間の中で、うまい酒と話を楽しめるのがバーの魅力ですが、なによりもマスターの存在は店の価値を決めるといっていいでしょう。客との距離や空気をうまく保ちながら最高の会話を提供できるかはマスターの力量にかかっています。

島地さんがバー経営の激戦地（と思える）西麻布に店を構えようと思ったのは、「面白そうだし、自分に向いている」と感じたからでしょう。

話が面白く、会話にセンスのあるかないかは「持って生まれたもの」かもしれません。その力が一朝一夕では身につかないことは当たり前です。「人を惹きつける話し方の極意」的な本を読んだからといって身につくものではありません。

島地さんが「話す力」をどこで身につけたのか。

子どものころから島地さんは本好きで、家にあった文学全集を読破したそうですが、とにかく好奇心が旺盛だったことは間違いありません。

話してみて驚くのですが、古今東西の文学、芸術、文化はもちろんこと、広範囲にわたる雑学に至るまで、まさに「博覧強記」。話題には事欠かない人です。さらに旺盛な好奇心の持ち主ですから、新しい情報の入力量も桁外れです。

忘れてならないのは、作家、文化人をはじめとしたさまざまなジャンルの一流人との交流。話術の巧みさはそんな生き方によって培われたのでしょう。

話術の巧みさは「いい年寄り（先輩方）との付き合いの中で自身の話す力を磨いたのではないか」ということです。

「好奇心」は衰えていないか

『週刊プレイボーイ』時代、島地さんは編集者として多くの作家たちと付き合っていました。中でも柴田錬三郎、今東光、開高健各氏らとの付き合いは深く、いくつもの連載企画を成功させてきました。

多くの作家にほぼ共通しているのは話が面白いことです。

特にこの三氏の話術には定評があり、それは書き残されたエッセー集にも如実に表われています。最近、「作家のエッセーが面白くない」「週刊誌が売れない一因はエッセーがつまらないから」という声も聞こえてきますが、たしかに70年代、80年代の作家のエッセーは面白く、連載をまとめた書籍がベストセラーになることも珍しくありませんでした。

いわば「作家のエッセー黄金期」の中で、島地さんは周囲から「話を聞きたがられる存在」の魅力と大きさを、身をもって体験したのでしょう。ときには編集者という立場を忘れるくらい先達の話を楽しんだはずです。

その原動力は「好奇心」にほかなりません。

話を聞きたい、もっと知りたいという好奇心こそが、豊富な話題の持ち主、

話術に長けた人間を醸成するといってもいいでしょう。つまり、いくつになっても好奇心を持って情報入力をする人が「話を聞きたがられる人」になる秘訣といってもいいでしょう。

「最近、私の話を喜んで聞いてくれる人がいたか、そういうことがあったか」この問いに「YES」と答えられる人は加齢とともに少なくなっているはずです。

「年をとったせいか、話をろくに聞いてくれるヤツがいなくなった」そう嘆く前に、自分の好奇心のレベル低下を考えてみることが大切です。

相手に「おや?」「えっ?」「へぇー!」はあるか?

「話を聞きたがられる人」の対極に位置するのが「話を聞きたがられない人」です。年齢とともに「聞きたがられない人」は増えがちで、中には「おじいちゃんの話はいつも同じでつまらない」と孫から手厳しいひと言を浴びせられることもあります。

ただし、話がつまらないことと年齢は関係ありません。若くても話のつまらない人はたくさんいます。

つまらない話の特徴は3つあります。

①好奇心がわかない↓おや？がない
②驚きがない↓えっ？がない
③意外性がない↓へぇー！がない

つまらない話の最大の原因は「どこかで聞いた話」だからです。その多くはテレビで語られ、それを多くの人がなぞるように話しています。そのいい例がコロナ禍にテレビ番組内で散見していました。

感染症の専門医やコメンテーターと称する人たちは、ほぼ異口同音に同じことを同じ時間帯で話していた印象があります。

「レストラン、居酒屋といった人が密になる場所は避けましょう」
「マスク、手洗いといった基本的な感染予防を忘れずに」

この程度の内容であれば「テレビだから」と半ば納得するのですが、ことワクチンなどの専門的な内容に関しては看過できないことが少なくありません。

私はコロナのワクチンに関しては、感染予防の効果はあまり望めないけれど、軽症化は多少期待できるのではないか、と考えています。ワクチン接種を否定する立場ではありませんが、その一方で副反応については細大漏らさず伝えることが医療機関や報道機関の使命であり、責任だと考えています。

それなのに少なくとも私が知る限りでは、テレビで副反応に関して報道されている内容は質量ともに非常に少ないはずです。

たとえば、何人もの医師が指摘していますが、プロ野球の中日ドラゴンズの投手が27歳で突然死した背景には、ワクチンの副反応が影響していると考えられます。彼は2021年の6月末に1回目のワクチン接種を受け、7月初旬にトレーニング中、意識を失いました。その後、入院中も意識は戻らず8月初旬に亡くなられています。

死亡に至る経緯や死因は「家族の意向によるもの」として球団からは一切、発表がありません。しかし、私もそう感じますが、多くの医師が「心筋炎で亡くなったのではないか」と考えています。

聞き飽きたテレビの情報には頼らない

心筋炎はワクチンが接種される当初から重篤な副反応の一つとして、医師などから指摘されていましたが、厚生労働省は「因果関係は不明」の一点張りでした。

ところがようやく2021年12月になってから副反応の一つとして認めるようになったのです。

このような出来事が、少なくともテレビ（特に情報番組）で報道されることはかぎられていました。「副反応はワクチンや薬にはつきもの。それ上回るほどワクチン効果はコロナ対策にとって有意義である」という論点に基づき、ワクチンの危険性を指摘する〝少数意見〟はほぼ無視されてきたのです。

ふだんは民主主義にとって少数意見は尊重されるべき、という立ち位置から多数派のさまざまな独走や横暴を指弾してきたテレビも、ところ換われば自分が多数派に立って報道していることに微塵も反省はありません。

こういったテレビの論調を、高齢者を含めた多くの人が鸚鵡《おうむ》返しに話してい

るような気がします。私が見るところまるでテレビの信者のようですが、これには理由があるように思われます。あくまで私見ですが、いまの70代の人は子どものころにテレビ放映が始まった世代で、相対的にテレビ情報に対する漠然とした信頼度が強く、批判的な視点が乏しいという傾向があるように感じます。

それでテレビ報道をさも正しいと信じ込んでしまい、自分の意見のように話してしまいます。

テレビで聞いたような話を改めて聞かされて、喜んで聞く人がいるでしょうか？　高齢者にかぎったことではありませんが、「聞きたがられない」には原因があるのです。

他の人には話せないことを話せるか？

聞きたがられる話とは何か？

そこにはさまざまな要素があります。自分の趣味に合う話であれば人は思わず聞き耳をそばだてます。人間の業なのか、スキャンダルも人々の耳目を集めます。**しかし、それらを加味した上で「他の人には話せないこと」に多くの人は関心を持つのです。**テレビや新聞で語られていることを話しても誰も見向きもしません。

「昔、アメリカやフランスに住んだことがあってね。アメリカはほんとに広い」

たとえば、そんな話をしても、聞いてくれるのはボランティア精神の旺盛な人だけです。

しかし、少し視点を変えてみましょう。

「フランス人はレストランで食事するとき、だいたい酒を飲む。それで食事を終えて車を運転する。これは当たり前で、この程度では飲酒運転では捕まらない。一方、バーではブランデーを1本くらいは飲むんだけど、これで運転したら捕まる。フランス人の常識はそんなものだ」

たとえば、そんな話をすれば、賛否はともかくとして、何らかのリアクションはあるはずです。

自分は話のネタが乏しい、と心配する必要はありません。**恐れることなく、自分が体験してきたことを話せばいいのです。**

以前、私が診た患者さんの中に、じつに面白い話をする人がいました。病院内ではいわゆる「クレーマー」扱いされる人で、たしかに多くの問題を抱えていたのですが、バブル期に不動産で大儲けをし、その後、破産して生活保護を受ける身になった話がまさに波乱万丈で聞きたい気持ちをそらさないのです。

もしSNSであれば「自分勝手な自慢話」として炎上しかねませんが、炎上するような話でもいいではないですか。少なくとも「いいね」狙いの話をするよりもずっと聞き手の心を刺激してくれます。

「他の人が言わないこと」を「他の人が知らないこと」と誤解する人が少なくありません。たしかに知らないことは他人の興味をひきますが、**知識だけで話が終わってしまうような人に聞き手のリピーターは増えません。**

新しい知識を次々に仕入れ、それを話の中に盛り込んでも、せいぜい「歩く辞典」くらいにしか見られないのです。しかし、知識を有り難がる風潮が強いようで、昨今テレビのクイズ番組が多いのは、その一つの表れだと考えられます。

ウィキペディアに書いていないことを語ろう

クイズ番組はまさに知識の偏重で、知っていることが優位であり、知らないことは恥のような雰囲気で番組が進められています。しかし、これはまったくのナンセンス。

「知らないと恥ずかしいと思えるようなことなんて、みんなが知っていることなのだから、つまらないことなのです」

と声を大にして言いたくなります。何かのコマーシャルで「世の中には知らないことがたくさんある」というようなナレーションがありましたが、当たり前のことをもっともらしく言っているので笑ってしまいました。

そもそも、少しくらい知識があることに何の意味があるでしょうか。昔なら辞書や百科事典、いまならパソコンやスマホで情報検索をすれば「知識自慢の人」の何百倍の知識を得られます。

大事なのは知ることより考え、思うことです。

「知識の人」より「考える人」になるべきです。知識豊富でクイズ番組に引っ張りだこの漫才師が、本業の漫才ではパッとしないのはその証左でしょう。**知ったことを話すより、考えたことを話すことのほうが人の心に響き、残るのです。**

この傾向はテレビ番組にかぎった話ではありません。

たとえば本の世界でも同じようなことがいえます。「知らないと恥をかく」的なハウツーと知識だけを盛り込んだ本は「知っているお得感」を強調しますが、そこで得た話をしてみても、せいぜい「はぁーそうですか」程度で終わってしまいます。

そんな〝ネタ帳〟に頼らず、他の人が述べていないことを考え、それを言語化する努力をすべきです。それは脳の前頭葉を刺激する最高の「脳トレ」になることは間違いありません。人が言いそうもないことを話してみましょう。

② 相手に元気を分け与えられる人になる

「ただ好かれたい」だけの高齢者に人は寄ってこない

孫と会うと「緊張しちゃうんだよね」と嘆く高齢者が少なくありません。その気持ちの裏には「孫に嫌われたくない」という切ない気持ちがあります。私は未経験ですが、孫から「あっちに行って。こっちに来ないで」などと言われたりしたら、ショックで立ち直れない、という心情は理解できます。

若い人に好かれたいと思うのは自然な感情ですが、あまり卑屈になるのは考えものです。もっと毅然としていれば、と思うのですが、そもそも日本の高齢者はマゾヒストではないか、と訝《いぶか》りたくなるほど社会的な〝仕打ち〟に耐えています。

前で少し触れましたが、体のことを考えてウォーキングを日課にしている私は、服用している薬のせいで、その最中にトイレに行きたくなることが増えています。そこで気づいたのが公衆トイレの少ないこと。頼みの綱はコンビニでしたが、コロナ禍で利用できない店が多くなりずいぶん不便を感じています。

バリアフリーの大切さもずいぶん前から指摘されていますが、エスカレーターのない駅はまだ多く、いまだに幹線道路には歩道橋が堂々と設置されていますが、まずエスカレーターはありません。もちろん歩道には疲れた時のためのベンチもありません。

活動量の減少は高齢者の心身の機能低下に必ず結びつきます。それを百も承知の高齢者は黙々とウォーキングやジョギングに励んでいるのに、社会や行政は「冷たい」と言わざるを得ません。

一般的に市長の年齢が若い地域は、町に活気があり経済もうまく回っていると思われがちですが、むしろ逆で高齢者への施策なども後ろ向きです。

一時、都心を中心に全国的なレベルで保育所に入れない待機児童が問題になりました。働くお母さんが仕事を続けられず「保育園落ちた、日本死ね！」と訴えたことが国会で取り上げられ、議論が沸騰したことがありました。

いまや女性は家計を支える存在であり、国レベルでも女性の社会進出は重要なことです。しかし、数の面からいうと2012年前後の待機児童数は全国で2万人を超える程度で、現在は2567人と発表されています。（2024年4月1日現在）。もちろん少ない数ではありませんが、一方で特別養護老人ホームへの入居待ちの人数は40万人を超えています。

こんな実情も知らずに、保育園の数が少ないのは高齢者にばかり税金が使われているせいだ、と無知を振りまく人もいます。

一事は平気で使われていましたが「老害」という言葉は完全な差別用語です。高齢者の運転による交通事故の際に使われるケースがありましたが、高齢者への年齢差別であって「若者害」や「中年害」があり得ないように、**老人だから害があるという発想は著しく間違ったものと言えます。**日本の高齢者はその点、じつに優しいのですが、ときには「ふざけるな」と声を上げるべきなのです。

孤独にならないために：愛される「変な人」を目指す

高齢者にかぎらず、日本人は公共の利益や福祉を優先させるあまり、個としての意見や意思を自らの手で封じ込めてしまうきらいがあります。それは過剰とも思えるほどで、今回のコロナ騒動でも異常なほどの同調圧力が見て取れました。マスクにしても密閉された空間であれば、着けることに同意できますが、人気のないところでマスクの着用に神経質過ぎるのは、異常としか思えません。

マスクを着ける、着けないで暴力事件に発展したケースもありましたが、日本人の異端者を排除しようとする気持ちは想像以上に大きいのです。

そんな中で、老人の権利を声高に主張すれば「変人」のレッテルを貼られかねません。「変な人だから近づかないほうがいい」と思われるかもしれませんが、私はそれでいいと考えています。

年をとったら不特定多数の人に受け入れられ、気に入られようと思ってはいけません。むしろ、そんな八方美人的な人に対しては、人は心を開いた状態で寄ってこないのです。テレビ朝日系の番組『じゅん散歩』の高田純次さんは若い人から、「ちょっと面倒くさそう」と思われがちなギャグを連発していますが、そんな声にはまったく頓着せずに我が道を「歩いている」印象があり、若者にも人気があります。

外野の声にはおもねらず、でも適度に参考にして自分を表現すれば話を聞い

てくれる人は必ずいるはずです。 ちなみに『じゅん散歩』は放映開始から丸六年が経過しているそうです。

人が集まるお金の使い方、集まらない使い方

人が寄ってくるためにはいくつかの条件があります。

若いころなら「美人に男は集まる」は一つの事象としてありうることです。けっして差別的な意味ではなくて、男の心理としてはそんなものです。最近では「イケメン」という言葉がすっかり定着していますから、女性の心理も同じなのでしょう。単純にいえば人は美しいもの、可愛いものに集まってくるのです。

同じようにお金のある人の所に集まるのも人の習性でしょう。

「私はお金が大好きです」と公衆の面前で言うのははばかられますが、おおよそ人がお金を好きなのは間違いありません。したがってお金のある人に人が集

まるのは当然です。孫もお年玉を1000円しかくれないおじいちゃんより、1万円、2万円くれるおじいちゃんの家に年賀で行くほうが楽しみに決まっています。

だから、基本的なこととして高齢者はお金を使ったほうがいい。もちろん、見境なく浪費しろということではなくて、周りを喜ばせるような、ハッピーにさせるようなお金の使い方を心がけるべきです。ところが、なぜか日本の金持ちは「ケチ」が多い。どかん、とお金を使うことをためらいます。

理由はいくつかあるのですが、一つは子どもにお金を残したいという気持ちが強いからです。資産のない人でも死ぬときは「子どもに迷惑をかけたくない」と考えている高齢者が多いのです。

高齢になってお金がある、資産が多いということが幸せにつながらないケースもあります。その典型的な例が高齢になってからの再婚のケースでしょう。

資産数億円のおじいちゃんが、奥さんに先立たれて若い人と再婚でも決意しようものなら子どもたちは大反対。まさに骨肉の争いに発展します。

ところが、大して資産のない高齢者が再婚を考えた場合は、子どもの多くは反対しません。子どもは「介護の心配、不安が少しなくなるかも」と考えがちです。

欧米ならば高齢者は子どもの意見に左右されず、何の迷いもなく再婚します。それが自分にとって幸せな選択だからです。ところが、日本人は子どもの顔色をうかがいながら二の足を踏み、自分の幸せを優先したりしません。

結局、不幸な老後を送ってしまうことにもなるのです。

暴論と思う方もおられるでしょうが、そうならないためにも、私は相続税の税率をもっとアップさせるべきだと考えます。そうすれば子どもは何も継げなくなるので親の老後に対して口うるさく言わなくなります。

「相続税を100%にすべきだ」

私は冗談ではなく、そう考えています。

そんな世の中になったら、高齢者の日常はドラスティックな変化を遂げるはずです。

所詮あの世にお金は持っていけない

日本人は家族の絆が強いといわれますが、その裏にあるのは「家制度」です。家長を筆頭にして家の財産を一人が相続する「家督相続」がその基本にあるのですが、江戸時代まではそもそもほとんどの家は小作農で財産といえるような財はありませんでした。町人も含めて「その日暮らし」の人が大半だったのです。

それは明治時代になってもあまり変わらなかったわけですが、第二次大戦後大きく変わります。アメリカ政府による農地解放によって大地主は解体され、全国に小さいけれど「土地持ち」が誕生しました。土地という財の上に立った「家制度」が新たに誕生したのです。

したがって「家制度」といっても伝統的な制度や風習ではなく、ぼんやりとした空気のようなものなのです。そんなはっきりしない「家制度」の幻影に取り付かれ、子どもの顔色をうかがうようなお金の使い方をするのはナンセンスにほかなりません。

世間からはバッシングを受けるかもしれませんが、高齢になって好きなキャバクラ嬢に100万円渡しても何の罪もありません。それで幸福感が得られるのであればいいのです。**金持ちのまま自分の意にそえないまま死んでいくより、お金を好きなように使ったほうがずっと幸せです。**

だいたい、お金は「チビチビ」使っても自分も周りも幸せや運は舞い込みません。お年玉をあげるときも、

「大事に使えよ、ゲームばかり買うな」

といらんことを言われたら有り難味は半減します。

お金はどんどん使う、黙って払う（もちろん、あればの話ですが）。それが、人が集まるお金の使い方の極意です。

自分の過去を大きく見せようとするのは逆効果

人は大声で話す人には拒否反応を示し、小声で話す人の声には耳をそばだてる、という説があります。たしかに話の内容にもよりますが、選挙中にスピーカーから流れる大音量の声にほとんどの人は見向きもしません。**反対に、囁くように話されたら思わず聞き耳を立ててしまいます。**

声にかぎらず、人と会うときは「大きさの印象」も重要になってきます。肩書きを含めた人としての器です。それを知ってか、ことさら自分を大きく見せようとする人もいます。しかし、それが逆効果になり、かえって人を遠ざけてしまう原因にもなるのです、そこに気づかない人が少なくありません。

初対面のとき、名刺は人の大きさを示す一つのツールになります。「名刺が切れる」という言い方をする場合もあります。たとえばマスコミの世界では大手新聞社の記者と聞きなれないミニコミの記者とでは、ほとんどの相手の対応が異なってきます。当然、大手新聞社名のほうが「名刺は切れる」のです。

それは誰もが認識していることで、名刺にことさら強めの肩書きは付けたがるのはそういう心理の表れでしょう。以前、「元衆議院議員」なる肩書きを見たことがありますが、大きく見せたかった当人が哀れに見えたりします。

過去の話をするとき、人はどうしても実績を大きくしてしまう傾向があります。しかし、周りの人間は本人が考えているほど、その人の過去に関心を持っていません。

「前の会社は社員が5000人くらいいて、課長は100人程度。その1人だったので、まあ忙しかったね。いまの若い人の忙しさとは質が違う」

そんな話をしても、誰も本気では聞いてくれません。何がつまらないかといって、他人の自慢話ほどつまらないものはありません。苦痛でしかない話を「はぁ～」と聞きながら辟易しているのに気づかず、同じ話を何度もしていたら人は遠のいてしまうだけです。

自分の過去をいくら大きく見せようとしても、それは徒労に終わるだけ。現在の自身の魅力アップには何ら結びつかないことを知るべきです。

しかし、だからといって昔の話をするなということではありません。

たとえば60代の人ならバブル経済の時代の話、70代なら高度経済成長、80代なら戦争体験の話をすれば、若い人の中には自分の世代では知り得ない話に興味を示す場合も少なくはありません。

若者に支持される「昭和レトロ」

昔話をするときに大切なことは総論ではなく各論を話すことです。

「バブルのとき、人気のマハラジャというディスコは凄い人の数でね、とても踊れたものじゃなかったんだよ」

と、遠くを見つめてただ感慨にふけっているだけでは、「はあ、そうですか」で終わってしまうでしょう。大切なのは、エピソードのディテールです。そこでどんな有名人に会ったのか、その様子はどうであったのか、どんな言動だったのか。それらを具体的に話せば、バブル時代をまったく知らない人の好奇心は膨らみます。

表面をなぞるような話ではなくて、過去を鮮明に描き出すような言葉であれば、若い世代の聞き手との距離が縮まってくるのです。

ここ数年「昭和レトロ」が若い人の間でブームのようで20歳前後の女性は母親の古着を今風にアレンジして着こなしているそうです。また、昭和40年、50年代くらいの車が「旧車」として人気を集めています。

2021年、所沢市にある『西武園ゆうえんち』がリニューアルされましたが、コンセプトは「昭和レトロ」でした。1960年代の商店街や映画館などの建物が再現され、映画『ALWAYS 三丁目の夕日』のような風景が楽しめるようになっています。人気は上々で、若い人がたくさん訪れているそうです。

古い時代、古い話、あるいは古い人だからといって、若い人が敬遠するわけではありません。むしろ古い時代、古いことだからこそ、自分の知らないこととして興味を持つのです。

要はその見せ方、提示の仕方であって、うまく演出すれば『西武園ゆうえんち』のように若い人は集まってきます。たとえ、昭和のエピソードであっても

話し手が偉ぶらず、自分の世界を虚心坦懐に話せば、人は集まってくるのです。

その意味で、古い記憶をたどりながら、それを忠実に再現する表現力も必要となるかもしれません。

過去の話を紹介するときは「アウトライン」ではなく「ディテール」にこそ、重きを置くべきでしょう。

寂聴さんの周りにはなぜたくさんの人が集まったのか

「話を聞きに人が集まる」。そんな人で思い浮かぶのは2021年に他界された作家の瀬戸内寂聴さんです。言うまでもなく作家としては多くの話題作を遺し、谷崎潤一郎賞、野間文芸賞などさまざまな文学賞を受賞しています。その一方で、〝語り部〟としての寂聴さんも高い人気を得ていました。

京都・嵯峨野の居宅「寂庵」で毎月開かれる法話の会には、たくさんの老若男女が詰めかけ、熱心に寂聴さんの話を聞いていました。毎回、バスツアーが開催されるほどの人気ぶりだったそうです。そのときの話をまとめた『寂庵法話集』というＣＤも10巻以上になるのですから、寂聴さんの話を聞きたかった人は全国に数え切れないほどいたはずです。

女性の新しい生き方を模索し続けた寂聴さんの姿に、多くの人たちが共感したのだと思います。総論的なものではなく、激越ともいえる自らの体験を交えながら、不倫などのタブーをあえて正面から受け止める姿勢は、女性たちの生きる勇気にもつながったのでしょう。法話の会で悩みを打ち明ける女性参加者が涙を流すシーンをテレビでよく見た記憶があります。

このような要素が寂聴さんの人気を支えていたと考えられますが、医師として思い浮かべるのは寂聴さんの元気で溌剌《はつらつ》とした姿です。

もちろん、ずっとお元気だったわけではありません。

調べてみると、特に後年は、88歳のときに脊椎の圧迫骨折によって半年間、寝込んでいます。そのまま歩行が覚束なくなったのですがリハビリの結果、2011年に歩けるようになるまで回復。しかし、その4年後に再び圧迫骨折で入院しています。

さらに、この入院時に胆のうがんが見つかり、全身麻酔で摘出手術を受けています。それが92歳のとき。そこから再びリハビリに励み、執筆活動や法話の会を行うまでになるのですから、素晴らしい生命力と言わざるを得ません。

亡くなる前の姿をラジオ局で見る機会があったのですが、華奢な体で99歳まで現役を続けてきたことはまさに驚嘆に値します。90歳を過ぎてがん手術を受け、その後も現役で仕事のできる人が果たしてどれほどいるでしょうか。

人は元気のいい人の周りに集まってきます。

残酷なようですが、病気がちでいつも下を向いているような人に好んで寄ってくるのは、身内以外にはいません。**寂聴さんが長きにわたって人々の心をつ**

かみ続けた背景には、この「圧倒的な元気」があったのです。

テレビの画面に映し出される寂聴さんは高齢になっても肌つやがよく、声の張りも若々しく言葉に力がありました。その姿はまるで菩薩のようで、集まった人々は元気な人に会いたい、元気をもらいたいと願っていたのだと思います。

こういう寂聴さんの姿は、若い世代にとって「自分がなりたい高齢者」そのものだったといってもいいでしょう。

高齢者にとって、若い世代が目指す「アイコン」になれることはじつに幸せなことだと思います。

3 薬漬けにならずに健康を維持できる人になる

健康診断が病気をつくり出す⁉

誰もがいつまでも若く元気で暮らしたいと思っています。そして、元気な人が好きです。たとえ病気になっても、早期発見で早く治療し、回復することを願っています。

そんな気持ちの表れなのかもしれませんが、日本人の多くが積極的に健康診断を受ける傾向があります。正確なデータを取っているわけではありませんが、たぶん日本人は世界中で最も多く健康診断を受けているのではないでしょうか。

小学生のころから身長、体重の測定と健康診断はセットで行われ、一種の慣例行事のようになっています。

多くの職場でも毎年、健康診断が実施され、リタイア後も一定の年齢に達すれば地元の自治体から健康診断を受けるための通知が送られてきます。中年以降の受診者の多くは、血圧やコレステロールなどの値に一喜一憂し、血圧の上の数値が140㎜Hgくらいになると、慌てて病院に駆け込む人もいます。

私自身、心臓と脳の検査はときどき受けています。心臓と脳は心筋梗塞やクモ膜下出血に代表されるように発症してから死に至るまでのスピードが速く、死亡率も高いからです。

しかし、多くの職場で推奨されるような健康診断は受けません。それ以外の検査を受けないのは、検査自体に意味がないどころか時間と費用の無駄になるからです。**はっきり言って、体の臓器別の検査は病気の端緒を早めに見つけるメリット以上に、病気を作り出すデメリットのほうが大きいといえます。**

40代、50代になれば血圧や血糖値が高くなったり、肥満気味で脂肪肝が疑わしくなったりすることは必ず起きます。それで青くなって病院→薬という図式は、極論すれば、不健康そのもの、自分で自分の病気を作る行為といってもいいかもしれません。

エックス線検査の怖さを知っていますか?

健康診断で最もリスキーなのは胸部エックス線撮影やCT（コンピュータ断層撮影）だ、という指摘があります。もちろん医療の世界からはそれに反する声もありますが、私も緊急を要しないケースでの放射線を利用した診断には反対の立場をとっています。

少し歴史を振り返ると、胸部エックス線撮影は元来、肺結核の診断・治療を目的に使用されてきました。しかし、それが結核の撲滅に役立ったというエビデンスはどこにもありません。日本の結核による死亡者数のピークは１９４７年で年間15万人弱。現在は２０００人前後にまで減少しています。

にもかかわらず、現在でも大学病院などの大きな病院で胸部エックス線撮影が行われているのは、ほとんどの目的が肺がんの検査、早期発見です。つまり、がんを発症していないにもかかわらず、放射線の検査を続行しているのです。

「はい、ではレントゲン検査をしてください」

そう医師に言われると、ほぼ全員がなんの疑問も抱かずにレントゲン室に入ります。日本の医療の世界では日常化している光景ですが、これは日本特有のことなのです。

もうひと昔前、と言ってもいいはずですが、昭和39年にＷＨＯ（世界保健機関）は、胸部エックス線撮影の中止勧告を出しています。それなのに厚生労働省は一切無視し、半世紀以上胸部エックス線撮影を止めようとしません。

なぜなのか、首を傾げざるを得ません。厚生労働省と健康診断の業界を含めた医療界との関係性に理由があるのか、正確なところは明らかではありませんが、少なくとも私は胸部エックス線撮影をしようとは思いません。

似たようなことが薬にも言えます。

日本人の「薬好き」は世界的にも有名なようで、たしかに日本人は薬をよく利用しています。特に高齢になると1日に10錠以上薬を飲む人が増えてきますが、世界的に見てこれは〝異常〟です。

たとえばアメリカでは、高齢者の利用が多い降圧剤や向精神薬の併用を予防するリストが使われています。また、医療技術が世界でもトップクラスのドイツは数年前から薬の使用を制限する動きが広まっています。しかるに日本では相変わらず薬がまるで「湯水の如く」使われています。

薬を毎日飲み続けることは逆効果にも

特に目立つのが薬の予防投与です。

いま病院では疾患の治療を目的とした薬以外に、疾患を予防するための薬が多く処方されています。風邪薬と一緒に肺炎予防のための抗生物質、頭痛には胃炎予防のため鎮痛剤と胃薬が投与されます。

こういう疾患とセットになったケースはむしろ少数で、それよりも血糖値、コレステロール値などに関する標準値を超えた場合に処方される薬のほうが多いのです。その量はまさに膨大で、厚生労働省と医療界、製薬会社の思惑で薬の量が増えているのではないか、と疑う声もあります。

たとえばメタボリックシンドロームの標準値に関する明確なエビデンスはありません。それが〝便宜上〟存在するのは厚生労働省の要請に沿って学会の幹部の医師がそれを決めているからです。現場の医師は、その作られた標準値を参考に、数値を超えた患者には何の疑いもなく薬を出しています。

このような構図ができてしまった一因に日本の皆保険制度があります。

現在、75歳以上の人の医療費負担は1割（所得が現役並みにある人は3割）。それ以外の人も2〜3割で、自治体によっては子どもの医療費ゼロも進んでいます。つまり、薬の費用的な負担感が低いため、患者サイドは「安いならたくさん飲んでもいいか」という気持ちになります。

医師も患者の抵抗感がなければ薬は出しやすくなります。専門化が進んだことによって、特に開業医は自分の専門以外の患者を診ることが多くなっています。本来は心臓が専門の医師が開業して、たとえば「最近、眠れなくて頭痛がする」と訴える患者さんを診るようなケースが当たり前になっています。

そうすると、医師は鎮痛剤だけでなく向精神薬や睡眠導入剤、はては胃薬も出すケースも起こりかねません。薬の「とりあえず処方」はこうして増加します。

薬には昔から「毒」の一面があります。

薬の副作用には避けがたいものがあります。にもかかわらず、半ば妄信的に薬を常用していいのでしょうか。私はそうしないし、実際のところ、医師の多くはあまり薬を服用したがりません。

適切な投薬を否定はしませんが、「薬は毒と隣り合わせ」ということを、高齢者は肝に銘じておかなければなりません。

たとえば、**薬を飲みすぎている高齢者は意識障害を起こすことがありますので、車の運転時は注意が必要です。**私は暴走や迷走の多くはこれによるものと考えていたら、前述のようにアメリカでは大事故の8割の運転手が危険な薬を飲んでいたことが明らかにされています。

健康維持・長寿を可能にするシンプルな方法

検査を控える、薬も減らそう――。でも、どうやって健康を維持したらいいのか、年齢とともに、あちこち衰えているのに……。そう思う人は多いはずです。

その答えはじつにシンプルです。

とにかく「動く」こと。体自体はもちろんですが、加えて脳をさらに動かすことが「医者知らず」「薬要らず」とまでは言いませんが、人々を薬以上に健康にしてくれます。

医者に頼る、薬を飲み続けるといった健康常識に大きな？マークが付くのですから、高齢者ばかりかあらゆる世代が、脳を使い自分で自分の体を整え、健康を維持することが重要なのです。

作家の五木寛之さんは2021年現在、89歳。もう卒寿（90歳）を迎えようとしています。五木さんに代表される「昭和ヒト桁世代」（昭和のヒト桁の年代に生まれた世代）は昭和40年、50年代に文化、芸能などの世界で際立った活躍をしていました。

同世代の作家では、野坂昭如、井上ひさし、藤本義一の各氏。芸能界では作詞家の永六輔、青島幸男の各氏、作曲家の中村八大、小林亜星の各氏。その他、映画監督の大島渚氏などまさに多士済々。日本の文化に大きな影響を及ぼしていました。

しかし、明治はもちろん、昭和も遠くなり、次々に鬼籍に入る方々が続いています。残念ながら、上記の方々もすでに記憶の中の人たちです。

そんな中で五木さんはいまも健筆を振るい、驚くことに新聞（『日刊ゲンダイ』）で連載を続けているのです。少し前まではテレビのインタビュー番組にも登場しておられましたが、話し方に淀みがなく、とても高齢にはお見受けできませんでした。

五木さんの健康の秘訣は詳しくは存じ上げませんが、連載の記事を何十年も続けるくらい「書いていること」が健康・長寿につながっているのは間違いありません。書くために脳を使っているから健康が維持できる、健康だから書ける、仕事が続けられるという好循環。それは前で述べた瀬戸内寂聴さんと同じです。

では、私たちはどうやって脳を使ったらいいのでしょうか。

最も手っ取り早く、かつ効果的なのは「仕事をする」ことです。なにも、作家のように原稿を書くようなクリエイティブな仕事でなくてもかまいません。**どんな仕事でも、社会との直接的なつながりを維持し、第三者とコミュニケーションを持つことで脳は活性化されるのです。**

何度も述べますが私は医師、著述家、映画監督の三足の草鞋を履いていますが、特に映画の現場の雰囲気が大好きです。映画が好きでたまらない連中が集まり、いい映画を撮ろうという一心で夢中になっている。そんな空気に触れられることに大きな幸せを感じています。間違いなく、私の維持に映画への関心、映画作りへの情熱が大きく貢献していると感じています。

何歳になっても仕事を続けられる、こんな幸せなことはありません。

4 「いまの仕事」が充実した、快活で魅力的な人になる

自分の価値は「いまの仕事」で決まる

日本人には不思議に思えることがいくつかあります。中でも私が強く感じるのは「有名人の仕事を称え過ぎる」ことです。権威に弱い一面もあり、著名なスポーツ選手、タレント、文化人、政治家の仕事ぶりを過大に評価し、「リスペクト」を乱発するきらいがあります。

反面、自分の仕事の対しては、謙遜もあるのでしょうが、正しく評価しようとしない傾向があるように思えてなりません。この点は欧米系の人たちと大きく異なる点で、彼らの多くは自分の仕事にプライドを持ち、だからこそ他人の

仕事ぶりにも敬意を払うところがあります。

私はどんな仕事であれ、責任を持って遂行し、その仕事によって社会に貢献し、周囲の人を幸せにできれば、それは立派なプロフェッショナルだと考えています。しかも、それに気づくことが大切で、仕事をすることは最大の自己実現なのです。

最近、「承認欲求」という言葉をよく耳にします。さまざまな理由で社会に埋もれがちな自分を、何らかの手段で周囲から認めてもらいたいという欲求です。「自尊の欲求」ともいわれているようですが、ＳＮＳ上のインスタグラムやブログに投稿する人の中には、この承認欲求がいびつともいえるほど過剰な人が多いような気もします。日常的に自分が認められていないという不満が、過激な内容の投稿につながり、いわゆる炎上の騒動につながっているのではないでしょうか。

仕事をきちんとしている人は、自分で自分を認められます。それもまたプロフェッショナルの重要な条件です。「見ている人は見ている」という言葉通り、そういう人は自然と周囲からリスペクトされますし、仮に周囲の評価が伴わなかったとしても、自分の中に確たる自信があれば、過剰な承認欲求など起こらないのです。

そんないい仕事ぶりをしていれば脳はいつまでも若々しさを維持できます。長く働ける、こんな幸せなことはありません。

セカンドライフでは趣味も仕事のうち

第1章でも述べていますが、50歳、あるいは60歳くらいまでは、退職後の進路をしっかり決めておくことが望ましいです。自営業のように定年退職がない人は、そのまま仕事を続けるのか引退するのか。サラリーマンならば定年後、再就職するのか。しっかりプランを立てておくべきです。そうしないと、だらだらとした時間を過ごし、それが習慣になって心身の老化が進みます。生気のない高齢者の典型で、魅力のない人の周りに人は寄って来ません。

退職後は「すこしのんびりするよ」と公言し、そのまま「のんびり」を続けて老け込んでしまう人はたくさんいます。

私はできるかぎり仕事を続けたいと考えていますが、**仕事を選ぶ基準があります。それが「楽しいか、楽しくないか」です。**講演をしたり、本を書いたりするのは、そこに聞き手や読み手がいるから楽しいのです。わざわざお金を作って映画を作るのも、映画作りそのものの楽しさもありますが、作品を観て喜んでくれる人がいるから楽しいのです。

多くの人を楽しませたい、感動させたいという思いが、創作の原動力であり、そういう仕事を続けられることに対しては感謝の気持ちしかありません。仕事によって受け手の反応が得られることは幸せなことであり、頭を使って作品を

作り続けることは、心身の養生につながるのです。

もちろん、退職後、仕事をしないというのも一つの選択肢でしょう。

脳を活性化するためにまず「仕事のすすめ」を説いていますが、仕事をしないのであれば趣味、それも「アウトプット」ができる趣味をお勧めしたいと思います。

趣味の中身にまで口をはさむのは少々はばかられますが、まるで一時の「オタク」のように自室にずっと篭って趣味の世界に没頭するのは、精神衛生上にかぎっていえばあまりお勧めできません。たとえ好きなことであっても、それでは脳の刺激度は低下します。

かつて外山滋比古さん（評論家、エッセイスト）は、ある一定の年齢に達したら学んだ知識のインプットは止めにしてアウトプットすべきだ、という趣旨のことを述べておられました。まさにこれは箴言で、それは学問のみならず趣味の世界にも通じるところがあります。**趣味の時間で積み重ねてきた知識や経験を同好の士らに発信することで活動する世界が広がり、さらなる脳の刺激が得られるのです。**

思い切って東大受験という手も

要は「試しの場」を作ることなのですが、その一つとして大学受験という選択もあります。高校生のときは、勉強は真面目に取り組まなければならないものだという強迫観念があったと思います。そうしないと受験にパスしないという切羽詰まった思いです。

しかし、退職後の受験はもっとお気楽です。失敗したら「やっぱりダメだったか」と頭を掻いていればそれですみます。

そこで、どうせ受験するのなら東京大学を目指してみるのも一興です。特に高校生のとき、浪人できずに再度のチャレンジを諦めた人などにはうってつけです。東大受験の最もいいところは、試験問題がとにかく素晴らしいこと。問題と真正面から向き合い、己の知力を振り絞ることは、脳にとって最高の「おもてなし」です。

まったくの夢、絵空事ではありません。現在の東大は440点満点で240点以上取ればほとんどの学科で合格できます。数学0点でも、という発想であればあり得ない話ではありません。

もちろんポイントは勉強法です。ある程度の年齢になって予備校に通い、参考書や問題集を一から始めてもまず合格しません。しかし、ゲーム感覚でテクニカルな方法で勉強すれば可能性はぐっと高まります。高齢者ならではの、経験によって勉強の選択と集中ができやすい面もあります。

どんな勉強でも入り口は1つではありません。

1つのアングルから勉強して成果が上がらなくても、諦めずに違う勉強法を探せばいいのです。理解力がないと嘆く前に、理解の方法が悪いことに着目すべきなのです。

東大のみならず、自分の志望校に入れなかったことがずっとトラウマみたいになっている人がいます。もしそうなら、趣味の一つとして受験はおすすめです。

私の受験法を書いた本を読んだ年配の方から、うれしいお手紙をいただいたことがあります。

「若いころ読んでいたら東大に入れたのに」

けっして、私の受験本の宣伝ではありません。でも、少なくとも数ある脳トレの書籍よりも脳を活性化させてくれるはずです。

チャレンジするのは東大ばかりとはかぎりません。**かつての自分がクリアできなかった目標を実現できれば、高齢者のあなたも、もしかすると「ドラゴン**

桜」のヒーローになれるかもしれません。

インターネット社会をどう生き抜くか

高齢になるとパソコン、スマホ、タブレットといったIT機器を使いこなすのは難しい。多くの高齢者がそう思い込んでいるフシがあります。たしかに高齢者の中にはまだガラケーを使用している人が多いようで、切り替えをすすめる高齢者向けの「あんしんスマホ」のテレビCMもよく流れています。

しかし、高齢でもパソコンなどを自在に使いこなしている人はたくさんいます。たとえば、いまは比較的、大学間の人事交流が盛んで大学を退職した教授が新しく違う大学の職に就くことが珍しくありません。

コストが関係していると思うのですが、新任の教授といってもだいたいが60代の半ば以上という大学もあります。それでも多くの人がZoom（複数人でビデオ・音声会議ができるオンラインサービス）やスカイプ（ビデオ・音声通話などができる無料のオンライン通話サービス）を日常的に利用しています。

学生たちの表情が見てとれるので、馴れてくると教室で対面の授業をしているのとあまり差がないという利点があります。ビジネスではテレワークが定着しつつありますが、日常でも孫の顔をスカイプで眺めて楽しんでいる高齢者も少なくありません。**ＩＴはさまざまな恩恵を人にもたらしましたが、高齢者もその例外ではなく、上手く利用することによって暮らしぶりはより便利で快適になります。**

さらに、その可能性を高めてくれそうなのがＡＩ（人工頭脳）です。ＡＩについてここでは詳しく述べませんが、その最大のメリットは「利用者が使い方をマスターしなくても、ＡＩが合わせてくれる」というところにあります。

パソコンなどと違って手順を一つ間違えても、にっちもさっちも行かなくなる、という〝泥沼化〟は避けられます。間違ったり、わからなくなったりしたことをＡＩが解決してくれるのですから、こんなに楽なことはありません。

さらに、車の自動運転でもいえることですが、カメラの高性能化によって、暮らし自体に大きな変化も起こります。些細なことですが、たとえば部屋の鍵を置き忘れたりすると、家の中を探すためにムダな時間を費やしたりすることがあります。年をとると、ふだんできていたことができない不甲斐なさに直面し、それがストレスになってしまうことも少なくありません。

しかし、ＡＩと録画カメラがセットになっていれば、鍵のある場所を音声ですぐ教えてくれるようになるでしょう。小さなことかもしれませんが、ＡＩが**生活の中に組み込まれることによって、私たちの暮らしや生き方は想像以上に便利になるはずです。**

暮らしの自動化が進み、頭や手足を使わなくなると「認知症になる」ことを危惧する向きもあります。ただ私はむしろＡＩは脳を活性化するのではないかと考えます。日本全国の中で、つねに長寿県のランキング上位に数えられているのが長野県です。たしか１９８０年代の半ばでは全国トップだったはずですが、その理由として長野県は山が多いので高齢者の足腰が鍛えられる、イナゴやザザムシの佃煮のような虫を食べている、などさまざまな説が展開されていました。

しかし、どうやらそれらは憶測の域を出なかったことがわかり始めています。２０００年代以降も長野県は長寿県の地位を維持していますが、虫を食べる量は減ってきていて、長寿の要因とは考えにくいと見られています。また、山が多いからといって特に歩く時間が長いという結果も出ていません。

地元が丘陵地だからといって、坂道を多く歩くというのはどうみても短絡的で、事実、長野県の人も他の地方と同様にマイカーを多く利用しています。

重要なのは単に歩くことではなくて、移動して他人と触れることです。長野は高齢者の就業率がトップレベルなのでそれが可能なのです。それが脳に刺激を与え若さを維持し、認知症予防につながります。車の自動運転化の技術が進めば、高齢者の活動範囲はさらに広がることも期待できます。

インターネットは20世紀の情報革命といわれていますが、いまや日常生活に欠かせない必需品になっています。

総務省の『令和3年版情報通信白書』によると個人のインターネットの利用率は60代で83％、70代で60％、80歳以上は26％という結果になっています。現在は間違いなくこの数字を大きく上回っているでしょう。

車やIT機器の技術進歩を享受し、それらを積極的に利用することが、これからの高齢者には必要不可欠なのです。

SNSは最高のコミュニケーション手段

いま、社会の一員として若い人とコミュニケーションを取るためにはインターネットの利用は欠かせません。日常的にメールやラインを使っている高齢者も増えています。インターネットによってニュースや天気予報などの情報や商品やサービスの購入、ホテルやレストランなどの予約もできるのですから、まるで万能の道具になっています。

さらに、辞書や翻訳の機能も備わり「認知症予防」のツールとしても欠かせない存在です。

このような「受け手」としてのインターネットの利用は広く普及していますが、これからはさらに情報の「送り手」としてのインターネット利用が重要になってきます。情報発信をするためにはブログ、X（旧ツイッター）、フェイスブックといった機能やサービスがあり、これも高齢者の利用が少しずつ増加しています。

ネット上で発信する情報には個人の趣味や旅行に関する身辺雑記などが多いようですが、政治や社会的な事象に関する投稿に対しては、その内容次第で強い反発を受けることもあります。いわゆる炎上騒ぎの当事者になってしまいます。

そうならないために、過激な意見をはじめ特定の個人や団体を一方的に糾弾するような投稿をしないことが無難です。

あえて強調すれば、ネット上は言葉による暴力や脅迫、詐欺行為といった犯罪の温床になっている一面もあるのですから、十分な注意や気配りが求められます。安易に投稿した結果、発信元をつきとめられ本人や家族が脅かされる事態に巻き込まれる危険性もあります。もちろんあえて炎上覚悟で言いたいことを言うという選択肢もあります。

これらを留意した上で、情報発信を続けていけば人との交流が盛んになります。話を聞きにくるように、ネット上の文章を読んでくれる人も現れてきます。

脳を若々しく保つためには、話すこと以上に文章を書くことが効果的です。

それも日記のように「内向き」の文章ではなく、読む人を想定した「外向き」の文章を書くことがポイントになってきます。

もちろん、文章を継続して読んでもらうためには、内容をしっかり伝えるために必要な文法のスキルが必要になります。作家のような名文は望むべくもありませんが、気分よく読んでもらうためには適切な語彙《ごい》の選択や文章のリズムが求められます。さらに自分の言いたいことを正確に伝える論理の構成も欠かせません。

これらを念頭に文章を書くことは最高の脳トレになります。しかも、書くことの内容を日々、探すことも脳には非常によい刺激になります。

新ネタを探して外に出よう、人と話そう、発信しよう

ＳＮＳで書く「ネタ」を見つけることはけっして簡単ではありません。これは話をすることにも共通することで、同じ話を何度もする人がいます。年齢を重ねれば、ある程度は仕方のないことですが、たとえば文化人と称されるような人でも同じような主張や論理を展開する人がたくさんいます。

少し名前が売れただけで、同じような立ち位置で講演会を開いたり、本を執筆したりしています。まるで往年の演歌歌手のように昔は一曲当てれば何十年も現役を続けられました。

もっとも、これは演歌歌手だけにかぎりません。

東大、京大の学者の中には昔の論文のみで教授になるケースが後を絶ちません。医療の世界でも最新の研究や治療法に目を向けず、昔の経験や知識のみで

患者さんを診ている医師がいます。

たとえば、ノーベル賞受賞者ですら、受賞してから数年後、新たな研究成果を上げないと「過去の人」と見られてしまいます。事実、そういう研究者も少なくないのですが、例外的な人物が現役サラリーマンでノーベル賞を受賞した田中耕一さんです。

2002年、田中さんはソフトレーザー脱離イオン化法の開発によってノーベル化学賞を受賞し、その後も会社勤めを継続しながら研究者としての道を歩み続けています。

そして、研究の成果を応用し、血液一滴でがんやアルツハイマー症の原因となるタンパク質を発見する装置の開発に大きく尽力しています。新たなことにチャレンジし続ける田中さんは、ノーベル賞以上の輝きがあります。

昔の実績や経験を頼りにして惰性のように生きている人の言葉に人は共感を覚えません。新たな視点を持ちながら、個性豊かな発信を続ける人の声や文章に人は集まってくるのです。

自分の脳で生まれた好奇心に忠実で、ひらめきに対して探求心を燃やす人の脳は、停滞や怠惰を好みません。脳を「困らせ」「悩ます」日々を送ることが、健康で幸福な高齢者の心と体をつくる秘訣なのです。

おわりに

「いまは、誰でも長生きだ。年齢について言えば、昔の7掛けだ」

よく言われることです。いま60歳の人なら、自分は昔の42歳、70歳の人なら49歳くらいと考えればいいということです。本文でも紹介している通り、日本人の長寿化傾向は統計でも明らかです。そうなると、いまの80歳の人は、なんと昔の56歳。つまり、いまの70代、80代には、時間はまだまだタップリあるということになります。

私の周りで潑剌と生きている70代、80代の人を見ていると、「7掛け」という掛け率をもっと下方修正してもいいのではと感じることもしばしばです。

しかしその一方で、「ショボクレ感」が漂い、見た目も生き方も実年齢より上に見える人がいることも事実です。

その違いの理由は何なのか？

「体と心の整え方の差」

シンプルに言えばこうなります。

見た目も生き方も7掛け、6掛けにするために、私が本書で述べた「上手な老い方」を日々、実践してみていただくようお願いして筆をおきたいと思います。

お読みいただいてありがとうございました。

和田秀樹

2024年12月

著者プロフィール

和田秀樹（わだ ひでき）

精神科医

1960年大阪府生まれ。1985年東京大学医学部卒業。東京大学医学部附属病院精神神経科助手、アメリカ・カール・メニンガー精神医学学校国際フェローを経て、現在はルネクリニック東京院院長。日本大学常務理事。一橋大学経済学部、東京医科歯科大学非常勤講師（医療経済学）。川崎幸病院精神科顧問。著書は、『親が認知症かなと思ったら読む本』（祥伝社）、『六十代と七十代 心と体の整え方』（バジリコ）、『70歳が老化の分かれ道』（詩想社新書）、『80歳の壁』（幻冬舎新書）『症状が改善！介護がラクになる マンガでわかる！認知症』、『70歳からの老けない生き方』、『60歳から脳を整える』、『「思秋期」の壁』、『ひとり老後を幸せに生きる』、『ボケずに大往生』（すべてリベラル社）など多数。

編集協力　　　　河井一夫
装丁デザイン　　大前浩之（オオマエデザイン）
本文デザイン・DTP　尾本卓弥（リベラル社）
編集人　　　　　安永敏史（リベラル社）
編集　　　　　　伊藤光恵（リベラル社）
営業　　　　　　津村卓（リベラル社）
広報マネジメント　伊藤光恵（リベラル社）
制作・営業コーディネーター　仲野進（リベラル社）

編集部　中村彩・木田秀和・濱口桃花
営業部　澤順二・津田滋春・廣田修・青木ちはる・竹本健志・持丸孝

※本書は2022年に小社より発刊した『70歳からの老けない生き方』を改題し、
再構成し文庫化したものです

後悔しない上手な老い方

2024年12月25日　初版発行

著　　者　和田　秀樹
発 行 者　隅田　直樹
発 行 所　株式会社 リベラル社
〒460-0008　名古屋市中区栄3-7-9　新鏡栄ビル8F
TEL 052-261-9101　FAX 052-261-9134　http://liberalsya.com
発　　売　株式会社 星雲社（共同出版社・流通責任出版社）
〒112-0005　東京都文京区水道1-3-30
TEL 03-3868-3275
印刷・製本所　株式会社 シナノ・パブリッシングプレス

ISBN978-4-434-34943-0　C0195